お茶を楽しむ

茶事の懐石料理がホントに一人で作れる本

入江亮子
佐藤宗樹

はじめに

入江　佐藤さんはご自宅でもよくお茶事をされているんですよね。

佐藤　はい。一〇年前に念願の茶室を自宅に設けて以来、時折ですが茶事も開いています。当初、お料理は懇意にしている料理屋さんにお願いしていたんですが、そのお店が忙しくなってしまって……。よし！　それならば、自分で料理も作ってみよう、と一大決心をしたんです。

入江　それは素晴らしい心掛け！

佐藤　ところが実際にやってみたら、もうやることが多すぎて、どうしたらいいのかわからない。混乱したまま進んでいくから、慣れているはずのお点前ですら間違えてしまったりして（笑）。茶事の懐石って、亭主が一人で作るのはやはり無理なんでしょうか？

入江　いいえ。そんなことはありません。お点前だって割り稽古をやって徐々に覚えていくのに、懐石だけ練習もなしでいきなりというのも……。炊き合わせや八寸まで、全部作らなきゃ、と頑張りすぎたのではないですか？　初めから欲張ってしまってはダメだと思います。まず、飯や出汁などの、基本中の基本はしっかりと押さえること。それにたとえば向付は鯛の昆布〆めを、煮物は真薯さえ覚えておけば、意外と何とかなるものなんですよ。

佐藤　最低限覚えておくべきことは何か。まずはそこからスタートですね。

入江　もともと懐石料理は「食は飢えぬほどにてたる事也」程度でよかったのにそれが段々と亭主の手を離れて、料理も華美になってしまった……。

佐藤　お茶事にお招きいただいて、本当に豪華で大ご馳走なことがよくありますよね。

入江　茶懐石の独自のルールをご存じない料理屋さんも少なくはないような……。今、必要なのは、本来のシンプルな料理の姿に戻ることなのではないかと。

佐藤　料理も含め、すべてのことを亭主の手で行う、それが本来の茶事の姿ですよね。
入江　目標は「茶懐石を亭主の手に取り戻そう！」
佐藤　（拍手）
入江　一人で茶懐石を作り、もてなすためには「段取り力」も大切かと思います。
佐藤　わからないことはどんどん質問します。……何かと面倒くさがりな僕でも、本当に一人で茶懐石ができるんですかね？
入江　大丈夫です。恥をかきつつ得たノウハウをすべてお伝えします！　最後に佐藤さんに実践していただきましょうね。
佐藤　どうか見捨てずによろしくお願いします（笑）。

入江亮子

料理研究家
茶懐石・精進料理・日本酒などわが国古来の伝統食文化を伝承する「温石会（おんじゃくかい）」主宰。今までに手がけた茶懐石の出張料理は300回以上。地方特産品や和食店メニューの開発など、活躍は多岐に渡る。利酒師、日本酒学講師でもある。

佐藤宗樹

東京藝術大学美術学部教授
本名、佐藤直樹。ドイツ・北欧など西洋美術史の研究に勤しむ一方、裏千家で茶道を学んで25年。海外に足を運んだ際には、茶室を見たり、お茶に合いそうなお菓子を探すなど、常に茶の心を忘れずに日々を送る。

目次

本書の使い方

本書は裏千家の教えに基づいています。各流儀の教本、習いをご優先ください。

二 煮物椀

極意4 真薯《しんじょ》を究めれば、茶懐石は制覇したも同然！

煮物椀は椀盛りともいいます。汁物と勘違いしがちですが、一汁三菜の〝菜〟の一つですので、具はしっかりとお椀の中に鎮座していないとなりません。いわば茶懐石のメインディッシュといったところでしょうか。ここではもっとも出番の多い〝真薯〟をマスターしたいと思います。混ぜ込む具材や添えの野菜、吸い口を四季に応じて変えていけば、どんな季節にもぴったりの煮物椀ができますよ。

材料

基本の真薯
（材料・作り方は P42 参照）
ほうれん草の軸…5本
人参…適宜
<吸い地>
出汁…4カップ
塩…小さじ1/2
淡口醤油…小さじ1
木の芽…適宜
<具の温め汁>
上の吸い地から50cc
味醂・淡口醤油
…各小さじ1/2

作り方

1. 人参は薄い輪切りにし、花びら型で抜き、ほうれん草は軸だけをとり（P107参照）、いずれもさっとゆでてそれぞれ水にとっておきます。
2. P42の基本の真薯を参照して、真薯を作ります。
3. 出汁を小煮立ちさせ、塩と淡口醤油で調味し、吸い地にします。
4. 温め用の汁を別鍋に50cc入れ、味醂と淡口醤油で調味し、人参とほうれん草を温めます。
5. 椀に真薯を置き、添えの人参、ほうれん草を置き、汁を張り、木の芽を真薯の天に置きます。

ポイント！
- お椀の容量を知るべし。使うお椀によって真薯の大きさも変わります。
- 主役は旬の素材です。
- 出汁は必ず当日引くこと！ 冷凍しておいたものを使うなど言語道断です。
- お椀は必ず直前に温めておきましょう。

春

海老真薯

真薯の具＝海老
添え＝花びら人参　軸れん草
吸い口＝木の芽

佐藤「すり鉢、蒸し器！ それだけで真薯ってハードルが高そうに思えちゃいますね……」

入江

40　41

これぞ、一人で茶懐石を作る極意です！

この料理を作る上での、基本の「き」をまとめました。

材料はすべてお客さま四人＋亭主一人の五人分で表記しています。一カップは二〇〇cc、大さじ一は一五cc、小さじ一は五ccです。

料理レッスン中、佐藤さんから発せられた素朴な疑問に入江さんがストレートに答えています。

レッスン編

入江亮子さんに習う「亭主一人で茶懐石」講座

教わる人＝佐藤宗樹

目指せ、温石！

懐石は、極寒のとき僧が空腹と寒さをしのぐために懐に入れた温かい石「温石」が由来。ですので、茶事でお出しする料理も、空腹をしのぐ程度……といっても人それぞれですが、あまり沢山の量は必要ないのではないでしょうか。

量が必要ないことと、手を抜くことは違います。旬の食材を吟味して丁寧に作ることが、大事かと思うのです。

また、いろいろな懐石の本には〝家庭料理である〟と書かれていることが多いのですが、そこだけ読んで作っているのか、乱暴な包丁使いで食材の大きさもばらばら、悲しくなるような粗雑な料理がでてくることがあります。本には確かに家庭料理と書かれていたかと思いますが、だいたいそこには「究極の」という修飾語があったはず。わざわざ足を運んでくださるお客さまへの思いを込めて作りたいものです。

炉の正午の茶事　懐石の流れ

16 ページ	飯・汁・向付
	↓
	一献目
	↓
	飯器、汁替え
	↓
40 ページ	煮物椀（椀盛り）
	↓
	二献目
	↓
48 ページ	焼き物、預け鉢
	↓
	飯器、亭主相伴
	↓
68 ページ	箸洗い
	↓
70 ページ	八寸、三献目（千鳥の盃）
	↓
76 ページ	湯桶、香の物
	↓
	主菓子

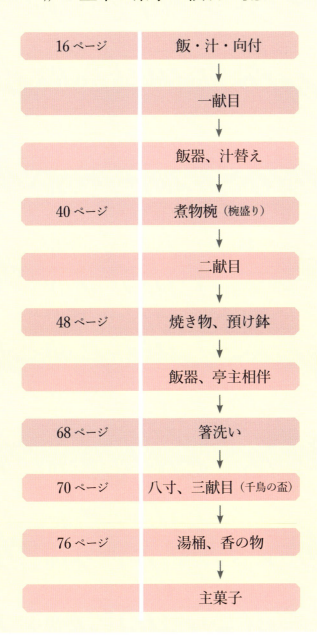

懐石で忘れがちな七つのポイント！

その一

『段取りの確認、手順の確認は徹底的に行う』

一人で茶懐石を作ろうと思ったら、何より大切なのは「段取り」と「手順」の確認。前日にしておいたほうが良いこと、できれば当日に越したことはないけれども前日にしても良いこと、当日でなくてはダメなこと。それぞれの料理をどのタイミングでどこまで仕上げるか……。徹底的に頭に叩き込んで、何度も家族や友人を相手にリハーサルをしましょう。

レッスン編の後に佐藤さんと私で考えた一人茶懐石のタイムテーブルを掲載しました。ご参照ください。

その二

『お客さまのアレルギー食材、苦手食材を確認する』

今やレストランでも予約時に必ずといっていいほど聞かれます。そんな時代になりました。亭主側はご案内状の終わりに「お苦手な食材がございましたらあらかじめお知らせください」と添えましょう。お客さまになったときにも遠慮せずに返信で答えてください。

その三

『常に旬を意識し、献立の中で食材が被らないようにする』

茶事のテーマを考えるとき、必ず伴う季節感。懐石も同様に〝走り・旬・名残〟を意識して献立を作っていきます。向付、煮物椀、焼き物、預け鉢、八寸などにどのような魚、野菜、乾物を配するか。椀妻は、吸い口は……。季節によっては意外に難しい問題です。私からの提案は、慣れるまでは、たとえば和え物には果物、八寸は市販品の珍味でアレンジ、と決めてしまうこと。献立作りがぐっと楽になります。

その四

『味見は必ず行う』

意外に、味見をされない方が多いのです。レシピ通りだからと。きちんと分量を量りながら作ることは基本中の基本ですが、味見をすることも忘れてはいけません。何回も味見をすると逆に味がわからなくなりますので二回くらいがベストかと思います。深めの小皿や猪口など、ご自分の手に合った器を味見用として手近に用意しておくといいですね。

その五

『味付けは淡味で』

茶懐石は「淡味」で。薄ければ良いというものではないのですが、普段作る料理より気持ち少なめに調味します。

その六

『衛生面はしっかりと』

毎日家族の食事を作るキッチンであったとしても、心構えを新たに、緊張感を持って臨みましょう。食べ物は命に関わります。意外とおざなりにされがちなのは「衛生面」ではないでしょうか。

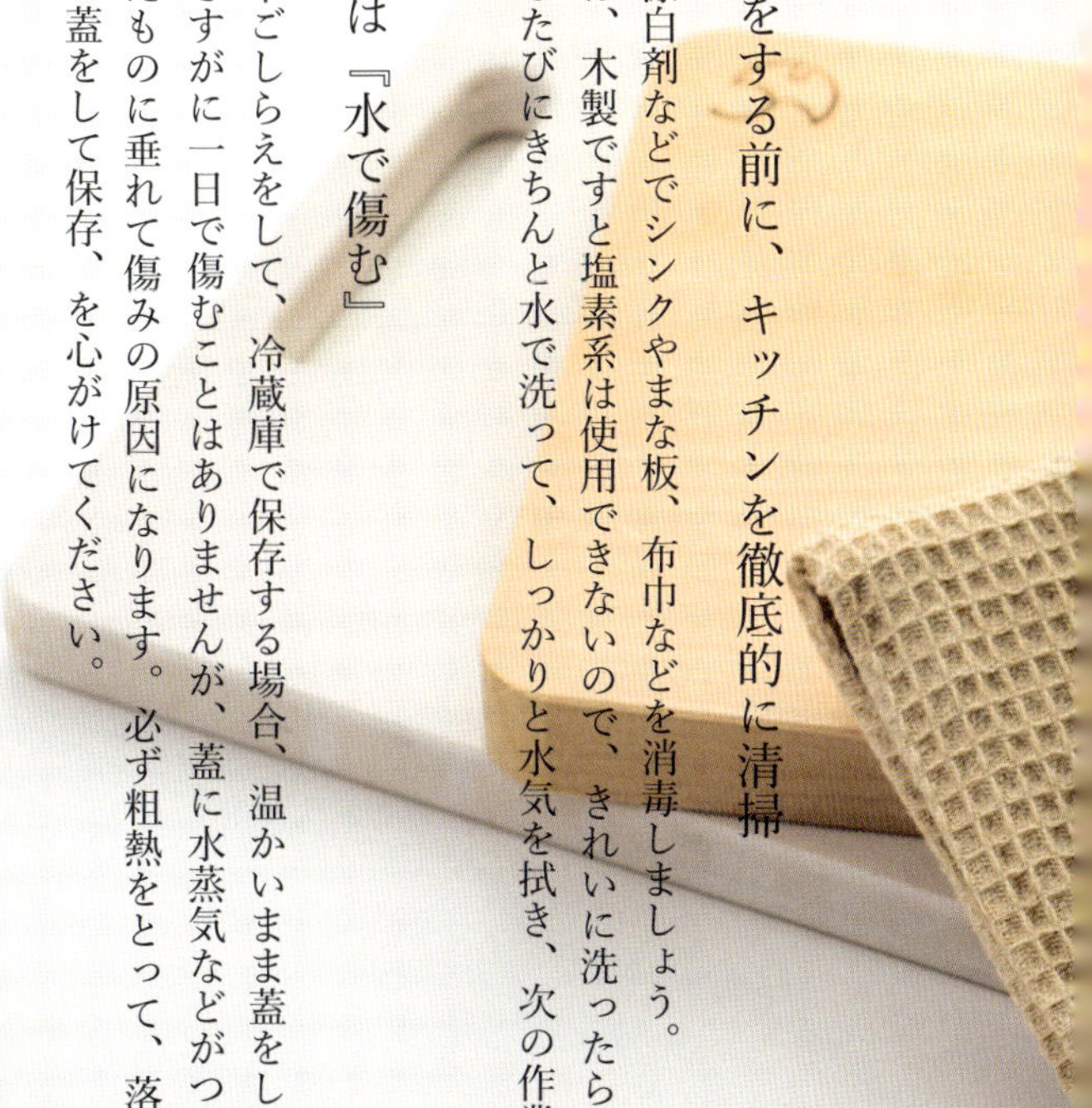

■ 料理をする前に、キッチンを徹底的に清掃

塩素系漂白剤などでシンクやまな板、布巾などを消毒しましょう。まな板は、木製ですと塩素系は使用できないので、きれいに洗ったら天日干しをしてください。調理の一工程が終わるたびにきちんと水で洗って、しっかりと水気を拭き、次の作業をするようにしましょう。

■ 食材は『水で傷む』

料理の下ごしらえをして、冷蔵庫で保存する場合、温かいまま蓋をしてすぐに冷蔵庫にしまったりしていませんか。さすがに一日で傷むことはありませんが、蓋に水蒸気などがついたまま保存すると、その水滴が下ごしらえしたものに垂れて傷みの原因になります。必ず粗熱をとって、落としラップ（七三ページ参照）などをした上で蓋をして保存、を心がけてください。

■ 冷蔵庫は開けっ放しにしない

時期にもよりますが、冷蔵庫は一〇秒程度開けているだけで一〇度も庫内温度が上がってしまうことがあります。温度変化も食材の傷みを進める大きな原因になります。茶事の前は庫内を掃除し、なるべく普段の食材などは置かないようにして、すぐに懐石の材料が取り出せるようにしておきましょう。

その七

『出汁は当日の朝引く』

出汁の引き方は百人百様で正解は一つではありませんが、ここでは一般的な合わせ出汁の引き方をご紹介します。黄金色に輝き、馥郁《ふくいく》とした香りに包まれた滋味あふれる基本の出汁をどうぞマスターしてください。

材　料

水…1ℓ

昆布…10g ＊水の１％目安

鰹節…25g ＊水の２～2.5％目安

作り方

1. 鍋に水を張り、昆布を入れて弱火にかけます。ふつふつと鍋底から泡が出てくる（小煮立ち）まで15分程度かけてゆっくりと昆布のうま味を引き出します。

2. 小煮立ちしたら昆布を取り出し火を止めます。

3. 火を止めてすぐに鰹節を入れ、1分くらい待って沈んだら、盆ざるに濡らして絞ったキッチンペーパー（強度のあるもの）を広げてこし、上から杓文字などで軽く押して出汁を引きます。

ポイント！

- 必要量を計算し、それより1カップ程度多めに水を計りましょう。蒸発分と鰹節に吸われてしまう分の＋αです。
- 沸騰させてはいけません！　ぐらぐら煮ると濁りの原因にもなり、昆布の磯臭さが出てきます。
- 昆布に切れ目を入れてはダメ。ぬめりが出てきれいな出汁が引けません。

『出汁を引くのが結構な手間です。前日に作業をしてはいけませんか？』

佐藤

『ダメです！　香りが飛んでしまうので、必ず当日引きましょう。お茶を前日にはかないのと同じことですね』

入江

一飯・汁・向付《むこうづけ》

茶懐石の一番最初に出てくる折敷《おしき》に載った飯・汁・向付は、まさに日本の食の原点「一汁一菜」そのもの。

この三つを日・月・星になぞらえて「三光」ともいいます。

飯

極意 1

何より「炊きたて」が命！（一八ページ〜）

汁

極意 2

豆腐と味噌のアレンジだけで四季をのりきる！（二二ページ〜）

向付

極意 3

まずは、鯛《たい》の昆布〆めを究めよう!

(三〇ページ)

飯

極意 **1**

何より「炊きたて」が命！

飯は、最初は炊きたてを椀に盛り、次はやや蒸らしたご飯を一人分ずつがわかるように飯器で出し、二度目の飯器では蒸らし上がったご飯をやや多めに出し、本来なら最後は釜に残ったお焦げをゆでてから湯桶に入れて出します。まるでご飯の一生をみるかのようです。お米が人生を全うできるよう美味しく炊いてあげたいですね。ここでは、羽釜での炊き方を記します。

料理屋さんなどの出張料理では、お釜を時間差で二つかけておき、絶妙のタイミングで出すのです。そのくらい、最初の炊きたてご飯は重要だということです。

『理想の炊きたてご飯とは？』
佐藤
『今、火を止めました的なイメージです』
入江

材　料

米…２カップ
水…560 ～ 600cc（米の 1.4 ～ 1.5 倍程度）

作り方

1. 米を研ぎ、ざるに上げておきます。白っぽくなるまで夏場で 10 分、冬場で 20 分ほどかかります。

2. 1 を釜に入れ、水加減し、10 分程度おいたら炊いていきます（とるものものもとりあえずということで通常より浸水時間は短めに）。
火加減は最初は強火　→ 沸騰したら弱めの中火で 7 分 → 弱火で 3 分 →強火で 10 秒（チリチリという音が聞こえればよい）→ 火を止め、すぐにお椀に盛り付けます。

3. 盛り付け終わったら天地を返して、次の飯器出しに備えます。

ポイント！

- 米に対して 1.2 倍が通常の水加減ですが、茶懐石はそれより少し多めの水加減にします。

飯指南

飯は羽釜で炊くべし！

飯を炊くには、羽釜が便利です。茶事で出す炊きたてのご飯は、電気で炊く自動炊飯器では蒸し上がってしまいコントロールができません。羽釜は熱伝導率も良く、早く炊き上がります。釜の中でお米がジャンピングして、水分が均一に回るため、ご飯も美味しくなるようです。かつ軽量なので女性でも持ち運びが楽。茶事をするなら、まずは羽釜を用意したいものです。文化鍋でも同様に炊けます。

『一番のおすすめは羽釜ですが、もちろん土鍋や鋳物の鍋などでもOK。ただし炊き方が変わります』

入江

『羽釜を収納するスペースがないので、できれば今持っている鍋を使いたいのですが』

佐藤

土鍋でご飯を炊く場合は

水加減までは同様ですが、火加減が変わります。最初強火にかけ、蓋の周囲からぶくぶくと沸騰してきたら、極弱火にして10分程度。使用する土鍋によって、かなり炊き上がりに差が出るので鍋の説明書などを確認しましょう。

目指せ、炊き上がり一分以内の盛り付け！

飯椀は事前に50度くらいの湯で温めておき、ぬれた布巾で拭いてから盛り付けます。これにはお椀を急激な温度差で傷めないようにするため、ご飯を少しでも冷まさないようにするため、表面が少しぬれているとご飯がお椀にこびりつきにくく、きれいに召し上がっていただけるため、と様々な理由があります。

夏の飯は涼感を意識して

飯器（夏）

夏にはざるの飯器がよく使われます。ご飯を盛るときは、ざるに飯がくっつかないように必ず水で濡らした笹などを敷いてください。

盛り付ける分量は二、三口で食べられる程度に。

飯器（1度目）

最初の炊きたてよりは蒸された状態。杓文字一つ分程度を一人分として取り分けやすいように盛り付けます。

蓋をした飯器の上に給仕盆を載せ、ぬらした杓文字を載せて席中へ運びます。

飯器（2度目）

これは残しても良いので、1度目より多めに盛り付けます。ご飯はすっかり蒸らされています。

流派によって盛り付け方は変わります。

一文字

しっかりと水につけておいた杓文字で釜肌から斜めに掬い飯椀へ。杓文字の先端部分が平らだとまっすぐに盛り付けやすいので、やすりなどで削って使われることが多いかと思います。100円ショップでたまたま見つけた杓文字は先端が一文字になっていて、便利でした。

小丸（一つ盛り）

ぬらした丸スプーンで飯を掬い、箸を使って飯椀に置き形を整えます。きっちりまんまるにせず、自然な形でふわっと盛りましょう。

汁

極意 2

豆腐と味噌のアレンジだけで四季をのりきる!

茶懐石での汁といえばお味噌汁のこと。具の基本は精進。野菜や豆腐、麩などを使うことが多いですね。慣れないときには具は豆腐と決めて、上に載せるもので季節感を出していくのがよいでしょう。ここでは豆腐をベースにご紹介します。

味噌は何を使用してもいいのですが、現在は極寒は白味噌、真夏は赤味噌で、その間は白赤のブレンドで季節を表現することが多くなりました。

吸い口は主に溶き辛子、ほかに胡麻や粉山椒も用いられます。

豆腐となめこ

材料

豆腐(木綿)…1.5丁
なめこ…1袋(100g)
出汁…750cc
(P14参照)
白味噌…150g
赤味噌…小さじ1・1/2
溶き辛子…適宜
＜具の温め汁＞
出汁…100cc
塩…少々

作り方

1. 豆腐は縦3.5cm、横4cm、高さ1.5cmに切っておきます。
2. なめこはざるにあけ、洗って水気を切り、熱湯でさっとゆでます。
3. 出汁を温め、白味噌と赤味噌を溶き、一度こします。
4. 小鍋に、具の温め用の出汁を入れて小煮立ちさせ、塩と豆腐を入れ、温めます。
5. 温めておいたお椀に4の豆腐を入れ、なめこを散らし、3の汁を張り、溶き辛子を落とします。

秋

豆腐と牛蒡《ごぼう》

材料

豆腐（木綿）…1.5 丁
牛蒡…7㎝程度
出汁…750cc（P14 参照）
白味噌…150 g
溶き辛子…適宜

＜牛蒡下煮用＞
出汁…50cc、
味醂・淡口醤油…各少々
＜具の温め汁＞
出汁…100cc、味噌汁…大さじ 2

豆腐を焼き豆腐に替えただけで、景色もぐっと侘びます。

作り方

1. 豆腐は縦 3.5㎝、横 4㎝、高さ 1.5㎝に切っておきます。
2. 牛蒡は洗って厚さ 3㎜程度の斜め切りにし、米の研ぎ汁（分量外）で柔らかくゆで、水洗いをします。牛蒡下煮用の出汁を小煮立ちさせ、味醂、淡口醤油、牛蒡を入れて 1 〜 2 分煮て、薄く味をつけておきます。
3. 出汁を温め、白味噌を溶き一度こします。ことことところ火で長く煮ると良いコクが生まれます。
4. 小鍋に、具の温め用の出汁と 3 の味噌汁大さじ 2 程度、豆腐を入れ、温めます。
5. 温めておいたお椀に 4 の豆腐を入れ、牛蒡を載せて、3 の汁を張り、溶き辛子を落とします。

佐藤　『味噌をどのくらい入れていいのか……。汁の味がいつも決まりません』

入江　『まずはレシピに忠実に作りましょう。そのための本書です（笑）』

豆腐と蕨《わらび》

『汁はこさなきゃダメですか？　こすことでそんなに変わりますか？』

佐藤

材　料

豆腐（木綿）…1.5 丁
蕨…10 本
重曹…耳かき 1 杯
出汁…750cc（P14 参照）
白味噌…150g
赤味噌…小さじ 1
溶き辛子…適宜
＜具の温め汁＞
出汁…100cc
塩…少々

作り方

1. 豆腐は縦 3.5㎝、横 4㎝、高さ 1.5㎝に切っておきます。
2. 蕨は、たっぷりの熱湯に重曹を加え、ゆで、水にしばらくさらしておき、穂先を 3㎝程度に切っておきます。
3. 出汁を温め、白味噌と赤味噌を溶き、一度こします。
4. 小鍋に、具の温め用の出汁を入れて小煮立ちさせ、塩と豆腐を入れ温め、火を止めてから蕨を入れます（早く入れすぎると蕨が痩せて筋っぽくなってしまいます）。
5. 温めておいたお椀に 4 の豆腐を入れ、蕨を載せ、3 の汁を張り、溶き辛子を落とします。

豆腐とアスパラガス

材 料

豆腐（木綿）…1.5丁
アスパラガス…5本
出汁…750cc（P14参照）
赤味噌…50 g
粉山椒…適宜
＜具の温め汁＞
出汁…100cc
塩…少々

味噌汁は1回はこしましょう。特に赤味噌とのブレンドの場合は、赤味噌は溶けにくいのでかなりダマになって鍋の底に沈んでいます。またこすことによってテクスチャーがなめらかになります。これは絶対に外せない工程のひとつです。

作り方

1. 豆腐は縦3.5㎝、横4㎝、高さ1.5㎝に切っておきます。
2. アスパラガスは熱湯にひとつまみの塩（分量外）を入れ、2～3分、色よくゆで、水に放って冷めたら、穂先を3㎝に切り、さらに縦半分にして水に放っておきます。
3. 出汁を温め、赤味噌を溶き、一度こします。
4. 小鍋に、具の温め用の出汁を入れて小煮立ちさせ、塩と豆腐を入れ温め、火を止めてからアスパラガスを入れます。
5. 温めておいたお椀に4の豆腐を入れ、アスパラガスを載せ、3の汁を張り、粉山椒を振ります。

『一度はこすべし！ ざらざら感がなくなり、テクスチャーがなめらかになります』

入江

夏

汁

生麩使い

生麩は季節ごとに、梅、桜、青楓、紅葉、イチョウなどを象った細い麩や、蓬麩、粟麩、胡麻麩など食材そのものを練り込んだ太めの麩があり、もちもちとした食感も楽しく、またそれだけで季節を表現できたりするので便利です。

冷凍保存もできるので、慌てて買いに行く必要がないのも助かります。

上から「あわ麩」「よもぎ麩」（北の麩本舗製）、」「花（桜）麩」（半兵衛麩製）、「生花麩」〈青楓・紅葉〉（不室屋製）。冷凍しておき、半解凍の状態で切ると便利です。

桜麩

桜麩を幅1.5㎝～2㎝で10個に切って使用します。

※出汁は750cc、白味噌150g、赤味噌小さじ1。このページでご紹介する汁の作り方の手順はP22と同様です。

春

夏

青楓麩《あおかえで》

青楓麩を幅 1.5cm〜 2cmで10個に切って使用します。汁にあおさのりを浮かべて。

＊出汁は 750cc、赤味噌 50g に初夏向きに大さじ 1 程度の白味噌を加えました。

秋〜冬

粟麩

粟麩を 1cmの幅に切ってから半分にして、揚げて汁の実にしました。添えの野菜はしめじです。揚げることによって味わいのボリュームも出ます。秋から冬にかけての定番の汁です。

※出汁は 750cc、白味噌 150g。晩秋であれば赤味噌を小さじ 1/2 程度加えても良いかと思います。

白味噌と赤味噌

比較的入手しやすい味噌です。もちろん普段使いの味噌でもかまいませんが、まずはこの 2 種類のブレンドで季節感を出してみましょう。

比率は厳密なものではなく、気候が暑くなってくれば酸味と塩味が強い赤味噌勝ちに作りますし、寒いときは白味噌をたっぷり使って甘さととろみを出していきます。

白味噌はゆっくりと火を通すことで、甘味とコクが生まれます。「味噌は煮え花」は白味噌においては忘れて大丈夫です。

石野味噌
詳細は P105 参照。

汁

野菜使い

旬の野菜も具にはよく使われます。
ここではなじみのある二品をご紹介します。

夏

新丸十

材　料

直径 3.5cm程度の薩摩芋…2 本
梔子《くちなし》の実…1 個
明礬水
＜焼き明礬小さじ 1/2、水 3 カップ＞
出汁…750cc
赤味噌…50g
具の温め汁
＜出汁 100cc、味醂小さじ 2、塩少々＞
黒煎りごま…少々

作り方

1. 薩摩芋を 2cmの厚さに切って、明礬水に 20 分ほど浸けます。
2. 1 をきれいに洗って鍋に入れ、ひたひたの水（分量外）を張り、梔子の実を割って入れ、薩摩芋が柔らかくなるまで 10 分くらいゆでます。
3. 出汁を温め、赤味噌を溶き、一度こします。
4. 小鍋に具の温め用の出汁を入れて、小煮立ちしたら塩と味醂、薩摩芋を入れて温め、お椀に置き、3 の汁を張り、ひねってつぶした黒煎りごまを載せます。

冬

扇面大根と日の丸人参

材　料

直径 10cm程度の
大根…8cm
人参…適宜
出汁…750cc
白味噌…150g
溶き辛子…適宜

作り方

1. 大根は 2cmの厚さに切って、皮をむき扇面形に 3 等分して米の研ぎ汁（分量外）で柔らかくなるまでゆでます。
2. 人参は皮をむいて下の方の細い部分（直径 1cm程度）を 2mmの厚さに切り柔らかくゆでます。
3. 出汁を温め、白味噌を溶き、一度こします。
4. 出汁に 1 と 2 を入れ、3 の汁を大さじ 1 加えて温め、お椀に盛り、3 の汁を張り、溶き辛子を落とします。

汁指南

具は汁と別に温める

一緒に温めると具が煮崩れたり、出来上がりの味加減が具の水分で崩れたりしますので、具材は、別鍋に出汁と少々の味噌汁や塩を加えたなかで温めます。赤味噌汁の場合、温め汁を出汁と塩だけにするのは、豆腐などの具材に色が付いてしまうのを防ぐためです。

汁はあとから

具材をお椀に置いてから汁を張りましょう。最初の汁はお玉1杯（50cc）で十分です。

まず器を温めよ

椀にいきなり熱い汁やご飯を盛ると、器がびっくりしてヒビや変色などの原因になります。50度くらいのお湯で温めてから使ってください。漆の器は保温性が良く、事前にお湯で温めることによって汁やご飯が冷めにくくなります。

一度目と二度目では汁の量が異なる

最初に出す汁と二度目に出す汁では分量が異なります。ご飯と同様熱々の煮え花で、最初は二、三口で飲みきれる量（50〜60cc）、次はたっぷりめに最初の一・五倍程度の汁を入れます。気をつけたいのは、具が浮くほど汁を入れないということです。

佐藤　『吸い口の溶き辛子を練るのが面倒です』

入江　『そこは手間をかけるところではありません。チューブの辛子を使いましょう』

胡麻や粉山椒も吸い口によく使われます。胡麻は盛り付けるとき、指でひねって香りを出してあげましょう。

溶き辛子は粉から練るのにこしたことはありませんが、辛子は辛みが抜けにくいのでチューブの和辛子を少量の水で緩くしたもので十分。辛みが抜けないように、水を加えたらラップをしておきましょう。

具材に溶き辛子を置くときは、コンビニなどで頂けるコーヒーのマドラーやアイスクリームにつくプラスチックの小さなスプーンなどが便利です。

向付

極意
3

まずは、鯛《たい》の昆布〆めを究めよう！

『盛り付けのコツは何でしょう？』

佐藤

『菊花を散らせば、盛り付けに自信がなくても華やかに見えます』

入江

秋

菊花で秋を演出

食用菊を散らしただけでぐっと秋の雰囲気に。前盛りは水前寺海苔を水で戻してバチ形に切ったものです。水前寺海苔は季節を問わず使えます。

向付は懐石のなかでハードルの高い料理のひとつではないでしょうか。

お魚を下ろせないから……との理由だけであきらめないでください。まずは、向付でももっともよく使われる「鯛の昆布〆め」から始めましょう。柵取りした鯛の上身《うわみ》を使えば、手軽に美しく作れます。

同じ昆布〆めでも、前盛りと添えを替えれば季節感も十分に演出できます。

一般のお刺身との大きな違いは、大根の妻や大葉などのかいしきを使わないこと、刺し猪口などに別に醤油を置かず、かけ地を使うことの二つです。

向付

基本の鯛の昆布〆めをマスターする

薄手の昆布で十分

昆布〆めの昆布は二、三日中なら何度か使用できますが、家庭では通常一回だけなので、薄い昆布で十分です。

昆布〆めは〆めすぎない！

鯛はそぎ切りにしてあるので、一～二時間程度休ませるだけで十分昆布のうま味が鯛に移ります。鯛の余分な水分も昆布が吸ってくれます。琥珀色になるまで〆めてしまわないように！　当日作ります。

佐藤『昆布は必ず拭くものですか？』

入江『口に入れるものですから、一度は拭きましょう』

材　料

鯛の上身…200g
酒、水…各大さじ１
塩…少々
昆布（10 × 20㎝角）…２枚

作り方

1. 酒と水を１：１で合わせたものを丈夫なキッチンペーパーなどにしみこませ、昆布を拭きます。
2. 鯛はそぎ切りにします。

3. 昆布に軽く塩をうち、２の鯛を並べ、鯛にも軽く塩を振って上から昆布を載せます。重ねず、丸めても結構です。

4. ラップをして冷蔵庫で１～２時間休ませます。

佐藤『鯛は一人四〇グラムが目安ですね』

入江『はい。そして一切れ八～一〇グラムに切ります。尾に近い身は筋が硬いので、使わないでください』

鯛は旬が春と秋のため、冬に使われることは少ないですが、厚手の陶器などの器を使えば冬でも良いかと思います。ほかに冬の向付としては、鮪の山かけや、かぶら蒸しやふろふき大根など「温向《あつむこう》」と呼ばれる温かい料理を出すことが多いです。昆布〆めをマスターしたら次にはぜひ「温向」などにもチャレンジしてみてください。

冬

前盛りは紫芽と生佃煮（と私が勝手に呼んでいる）。
＊生佃煮の作り方は P36 参照。

向付

夏

夏も鯛の旬ではないですが、大葉や梅といったさっぱりした副材料で夏向きにすることができます。器は染め付けや硝子のものが涼しげで良いですね。

材　料

鯛の昆布〆め
(P32 参照)
…200g
大葉…適宜
梅ソース …適宜
山葵《わさび》…適宜

作り方

1. 大葉は千切りにして水に放ってアクを抜いておきます。
2. 昆布〆めにした鯛は細切りにして、1の水気を切ったものと混ぜ、梅ソースをかけます。最後に山葵を添えます。

※梅ソースの作り方は P37 参照。

朝茶の向付

朝茶には生ものを使用しないという決まりがあるため、上の写真のようなかますの一夜干しや胡麻豆腐などを使用することが多いです。今回は一夜干しに緑酢を。緑酢は退色しやすいのでお酢を合わせるのは盛り付けるときにしましょう。

前盛りは花穂紫蘇《じそ》。緑酢は、胡瓜一本をおろし、ざるに上げて余計な水分をとり、酢大さじ一、砂糖小さじ一、淡口醤油少々を混ぜ合わせて作ります。

春

佐藤
『山葵もチューブを使えばいいですね』

入江
『山葵は香りが命ですから、ちゃんとおろしましょう』

春といえば鯛。この時期の鯛は桜鯛とも呼ばれ、懐石でも焼き物や炊き合わせなど、姿を変えて様々に出てきます。花穂紫蘇の花を散らして桜に見立ててみました。添えは莫《ばく》大《だい》（海）、青たでです。

器は貝合わせです。雛祭りの三月に使用することの多い器です。

向付

前盛りに使いたい名脇役たち

生佃煮

浅草海苔をちぎって醤油、味醂で味をつけたものです。浅草海苔一枚に対し、味醂と醤油各小さじ1を合わせ、よく混ぜてください。

水前寺海苔

水で戻して使用します。一時間程度で戻りますので、使用の前日に水に浸けて冷蔵庫で保存しておけば良いでしょう。色紙（正方形）やバチ形に切って添えることが多いです。最近は採れにくくなり、価格が高騰しています。

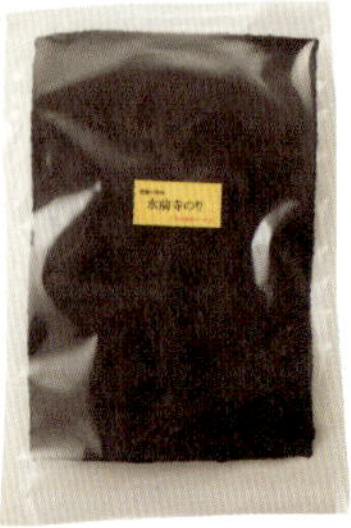

紅たで

ヤナギタデの一種。季節に関係なく使用できます。

青たで

紅たでと同じヤナギタデの一種。春から夏にかけてが旬。その時期の向付に。

花穂紫蘇

大葉（紫蘇）の花。主に春、夏に使用します。

莫大（海）

中国・四川省で採れる柏樹の果実。水に浸けて一時間ほどすると割れて海綿状になります。外皮と筋を取り除き、軽く包丁でたたいてから使用します。

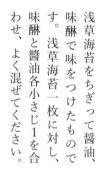

かけ地レッスン
かけ地を使い分ける

クラシックかけ地
煎り酒

煎り酒は、醤油が普及するまで用いられた調味料です。昨今は鰹節も加えることが多くなりましたが、もともとは酒と梅干しのみを使用したようです。

作り方は酒1カップに梅干し1個と昆布1cm角1枚を入れて火にかけ、半量になるまで煮詰め、網でこして使用します。保存は必ず冷蔵庫で。なるべく二週間程度で使い切りましょう。

佐藤『かけ地はいつ、どのようにかければいいのでしょうか。上から?』

入江『お出しする直前、周囲からかけましょう』

夏場に味を引き締めたいときに
梅ソース

梅干しを裏ごしし、アルコールを飛ばした味醂(煮切り味醂)を適宜加えます。梅干しの塩分にもよりますが、梅干し1個につき大さじ1程度です。醤油数滴で味を調整して使用してください。

どんな魚介をも引き立てる
加減醤油

醤油と出汁を1:1で合わせたもの。一人小さじ1として、五人なら醤油と出汁が大さじ1ずつあれば十分です。

白身魚との相性が抜群
加減酢

すだちやかぼす、柚子などの柑橘系果汁1:淡口醤油1:出汁1です。柑橘が旬を迎える冬は、白身の魚もちょうど美味しい季節です。

日本酒の基礎知識

特定名称と懐石料理に合う日本酒

「どんなお酒を買ったらいいのかわからない」そんなお悩みをよく聞きます。確かに日本酒のラベルは銘柄名がメインなため、いったいどんな酒質なのかがわかりにくいかと思います。

ここではお酒の種類について少しお話ししてみましょう。

等級制度が廃止され、現在は特定名称という分類になっています。まず大きく分けて純米か醸造アルコールが添加されているか。そしてそれぞれが4種類ずつあるので合計8種類となり、すべて米麹使用割合は15%以上と規定されています。それ以外のパック酒などは普通酒と呼ばれます。

この中で懐石料理に合うお酒ということになりますと、懐石は味付けが一般の料理に比べ淡味ですので、その味わいを消さないように、穏やかな香味のものを選びます。純米吟醸から純米酒あたりがよろしいかと思います。

また、料理もそうですが、自分が味わったこともないお酒をお客さまに出さぬよう、必ずテイスティングして、できれば料理とのペアリングを確認してから出してあげるといいかと思います。

この分類のほかに、製法上で、濾過せずしかも原酒で生（火入れをしていない）酒の〝無濾過生原酒〟というお酒もありますが、そのままで飲むならインパクトがあって良くても、茶事にはちょっと強すぎかなと思います。

また、懐石はのちの濃茶のためのおしのぎですので、あまり飲みすぎないよう、亭主サイドでうまくコントロールをすることも必要かと思います。（入江）

特定名称	使用原料	精米歩合	香味等
吟醸酒	米、米こうじ、醸造アルコール	60%以下	吟醸造り、固有の香味、色沢が良好
大吟醸酒	米、米こうじ、醸造アルコール	50%以下	吟醸造り、固有の香味、色沢が特に良好
純米酒	米、米こうじ	規定なし	香味、色沢が良好
純米吟醸酒	米、米こうじ	60%以下	吟醸造り、固有の香味、色沢が良好
純米大吟醸酒	米、米こうじ	50%以下	吟醸造り、固有の香味、色沢が特に良好
特別純米酒	米、米こうじ	60%以下または特別な製造方法（要説明表示）	香味、色沢が特に良好
本醸造酒	米、米こうじ、醸造アルコール	70%以下	香味、色沢が良好
特別本醸造酒	米、米こうじ、醸造アルコール	60%以下または特別な製造方法（要説明表示）	香味、色沢が特に良好

二　煮物椀

極意 4

真薯《しんじょ》を究めれば、茶懐石は制覇したも同然！

煮物椀は椀盛りともいいます。汁物と勘違いしがちですが、一汁三菜の〝菜〟の一つですので、具はしっかりとお椀の中に鎮座していないとなりません。いわば茶懐石のメインディッシュといったところでしょうか。ここではもっとも出番の多い〝真薯〟をマスターしたいと思います。混ぜ込む具材や添えの野菜、吸い口を四季に応じて変えていけば、どんな季節にもぴったりの煮物椀ができますよ。

材　料

基本の真薯
（材料・作り方は P42 参照）
ほうれん草の軸…5 本
人参…適宜
＜吸い地＞
出汁…4 カップ
塩…小さじ 1/2
淡口醤油…小さじ 1
木の芽…適宜
＜具の温め汁＞
上の吸い地から…50cc
味醂・淡口醤油
…各小さじ 1/2

作り方

1. 人参は薄い輪切りにし、花びら型で抜き、ほうれん草は軸だけをとり（P107 参照）、いずれもさっとゆでそれぞれ水にとっておきます。
2. P42 の基本の真薯を参照して、真薯を作ります。
3. 出汁を小煮立ちさせ、塩と淡口醤油で調味し、吸い地にします。
4. 温め用の汁を別鍋に 50cc 入れ、味醂と淡口醤油で調味し、人参とほうれん草を温めます。
5. 椀に真薯を置き、添えの人参、ほうれん草を置き、汁を張り、木の芽を真薯の天に置きます。

ポイント！

- お椀の容量を知るべし。使うお椀によって真薯の大きさも変わります。
- 主役は旬の素材です。
- 出汁は必ず当日引くこと！　冷凍しておいたものを使うなど言語道断です。
- お椀は必ず直前に温めておきましょう。

『すり鉢、蒸し器！それだけで真薯ってハードルが高そうに思えちゃいますね……』

佐藤

春

海老真薯

真薯の具＝海老
添え＝花びら人参　軸れん草
吸い口＝木の芽

『もちろんフードプロセッサーでもいいんですよ。ただ数人分なら、すり鉢で作成した方が無駄もでないし、楽かも。フードプロセッサーってどうしても底の方が、よく混ざらなかったりするでしょう？』

入江

煮物椀

基本の真薯を徹底レッスン

基本の真薯

材　料

白身魚のすり身…200g
卵白…1/2個分
昆布出汁…80cc
浮き粉…大さじ1
おろし大和芋…大さじ1
＜旬の具材・春＞
海老…100g

作り方

1. 旬の具材の下準備をします。
海老は殻をぐるむきし、背わたをとってたて塩（3%の塩水・分量外）で洗い、粗めにたたいておきます。
2. 真薯の生地を作ります。
白身魚のすり身は、すり鉢でよくあたりなめらかにします。
3. 浮き粉を溶かした昆布出汁を少しずつ加えながら伸ばしていきます。
4. おろし大和芋、卵白も3と同様、徐々に加えすり混ぜます。
5. きれいに混ざってなめらかな生地になったら、季節の具材（ここでは1の海老）を加え、5～6等分にして丸めます。
6. 出汁を取ったあとの昆布を鍋に入れて沸かして塩を加え（1ℓに小さじ1・分量外）、丸めた真薯生地を入れ、30秒程度ゆでます。
7. クッキングシートに6の真薯生地を載せ、沸騰した蒸し器に入れます。クッキングシートがない場合はさらしなどで代用できますが、蒸し器に直に置くとくっついてしまうので注意してください。
8. 雫が落ちないようにさらしやふきんなどでカバーをした蓋を少しずらして置き、7、8分中火で蒸します。

すり身はよくあたり、なめらかに

一番最初にしっかりとすり身をすり鉢であたってなめらかにしておけば、素敵な口当たりが生まれます。とても大切な作業ですので、妥協せずにがんばって！

蒸し器がないなら、ゆでて作る

作り方5まで出来たところで、ラップに包んで口元をきっちりと輪ゴムで止め、10分ゆでます。そのとき火加減が強すぎると表面に気泡ができてざらざらします。火加減は弱火に近い中火をキープしてください。

すり身は小分けにして、冷凍保存が便利

すり身は使用のたびに解凍と冷凍を繰り返すと傷みますので、購入したらまず100gずつに分けてしっかりラップをし、冷凍します。使う分だけ、その都度解凍してください。

※海老は甘く柔らかい芝海老か、活きのさい巻き海老がベストですが、なかなか手に入りにくいので無頭ブラックタイガー、バナメイなどで代用してください。

煮物椀

具材や吸い口、濃度で季節感を出す

基本の作り方で真薯地を作ったら、あとは混ぜる具材や添える野菜、吸い口などを変えて季節感を出していきます。また汁の味付けも標準的な塩と淡口醤油での作り方を記しましたが、夏は塩を少し強めに、冬は逆に醤油を多めに、どれもほんの少し加減することでぴたりとはまる味になります。

また寒いときは汁に片栗粉でとろみをつけると冷めにくく、身体も温まります。

夏　玉蜀黍《とうもろこし》真薯

真薯の具＝玉蜀黍
添え＝陸ひじき　青楓麩
吸い口＝青柚子（へぎ柚子）

材料

基本の真薯地１回分
(P42 参照)
玉蜀黍…2/3 本
青楓麩…適宜
青柚子…適宜
陸ひじき…適宜
＜吸い地＞
出汁…４カップ、
塩…小さじ 1/2、
淡口醤油…小さじ１
＜具の温め汁＞
吸い地…50cc、
味醂・淡口醤油
…各小さじ 1/2

作り方

1. 玉蜀黍はゆでるか蒸してそいでおきます。
2. 陸ひじきは熱湯でさっとゆで、水にとっておきます。
3. 青楓麩は5mm幅に切ります。
4. 基本の真薯地に１を加え丸めたら、基本の真薯と同様に作ります。
5. 出汁を小煮立ちさせて塩と淡口醤油で調味し、吸い地にします。
6. 具の温め用の吸い地を味醂と淡口醤油で調味し、青楓麩と陸ひじきをともに温めます。
7. 椀に真薯と６を盛り付けたら、吸い地を張り、真薯の天にへぎ柚子(P107 参照)を載せます。

佐藤『真薯は前日に作ってもいいものでしょうか？　この作業をお茶事当日にする自信も余裕もありません』

入江『これは前日に作ってOKです！』

【真薯に混ぜる具材】
春・・・車海老（旬は夏ですが、春らしい色合いになります）、よもぎ・山菜など
夏・・・玉蜀黍、天豆、枝豆、豌豆など
秋・・・むかご、銀杏など
冬・・・蟹、くわいなど

秋 帆立真薯

真薯の具＝帆立貝
添え＝阿房宮《あぼうきゅう》（食用の黄菊）
吸い口＝黄柚子（松葉柚子）

材料

基本の真薯地１回分
（P42 参照）
帆立貝柱（刺身用）
…100 g
阿房宮…5 ～ 7 輪
黄柚子…適宜
＜吸い地＞
出汁…４カップ
片栗粉…
大さじ 1・1/2
塩…小さじ 1/2
淡口醤油…小さじ１

＊菊花は発色を良くするため、ゆでるときに酢を加えます。たっぷりのお湯でゆでることも大切です。ゆでたら絶対に絞ったりしないでください。固まってしまい、ほぐれません。

作り方

1. 基本の真薯地に、塩水で洗った帆立を 7㎜角程度に刻んで混ぜ、丸めたら、基本の真薯と同様に作ります。
2. 阿房宮は花びらをちぎって、熱湯に酢少々（分量外）を加え、さっとゆで、冷水で冷やしてざるに上げておきます。
3. 出汁を小煮立ちさせて調味し、吸い地にします。
4. 吸い地に水大さじ２（分量外）で溶いた片栗粉を加えてとろみをつけ、ゆでた菊花を散らします。
5. 椀に真薯を置き、ゆでた菊花を散らした吸い地を張って、松葉に切った柚子を散らします。

冬 帆立真薯

真薯の具＝帆立
添え＝人参　舞茸　芽れん草
吸い口＝黄柚子（折れ松葉）

材料

基本の真薯地１回分
帆立貝柱（刺身用）
…100 g
人参…1/3 本
舞茸…1/2 パック
ほうれん草…5 本
黄柚子…適宜
＜吸い地＞
出汁…４カップ
塩…小さじ 1/2
淡口醤油…小さじ１
＜具の温め汁＞
吸い地…50cc
味醂・淡口醤油
…各小さじ 1/2

作り方

1. 秋の真薯と同様に帆立真薯を作ります。
2. 出汁を小煮立ちさせて調味し、吸い地にします。
3. 人参は千切りにして、具の温め汁でさっと火を通します。
4. P107 を参照して芽れん草を作ります。
5. 舞茸は小房にとって、熱湯でさっとゆでて、水にとっておきます。
6. 椀に真薯を置き、3 の温め汁で温めた芽れん草と舞茸、人参を添え、吸い地を張り、折れ松葉にした黄柚子を載せます。

佐藤『蒸し器ってどのくらい湯を入れればいいんでしょう?』

入江『蒸したいものに蒸気が届くまでの空間が少ない方がいいので、お湯はたっぷり入れましょう』

【吸い口】
春・・・花柚子、木の芽、蕗の薹など
夏・・・車柚子、青柚子、茗荷など
秋・・・黄柚子など
冬・・・黄柚子、生姜、わさびなど

【添え】
春・・・山菜、桜麩など
夏・・・陸ひじき、青楓麩、板わらびなど
秋・・・茸類、紅葉麩など
冬・・・大根、人参などの根菜類

煮物椀コレクション

通常使われる吸い物椀より煮物椀は大ぶり。様々な文様や形があり、器として見ているだけでも楽しいものです。

吉野椀

吉野絵は古くから茶人に愛されてきた柄で、折敷や四つ椀などでも見かけることもたびたびです。春に使われることの多い絵柄です。

天龍寺椀

平らな底でたっぷりと入るのが特徴の天龍寺椀。蓋、身とも角張ったデザインです。柄が入っていないので通年使用できるタイプです。

(浜)千鳥椀

漆で波が立体的に描かれ、千鳥も生き生きとしています。夏と冬に使用します。貴重な時代物です。

蓬莱椀

鶴、亀、松といった縁起の良い吉祥文様が施されたもの。新年やお祝いの席などで使うと良いでしょう。

千筋《せんすじ》内蒔絵椀

表は千筋。内に桜や紅葉、清流が描かれていて、通年使用できます。象彦製。

柳に蛙椀

蓋裏に、柳に飛びつこうとしている蛙が躍動的に描かれています。小野道風の逸話から取ったと思われます。

萩椀

蓋を開けると蓋裏に萩の花が。表は無地で、裏にこのような蒔絵があるのも楽しいですね。象彦製。

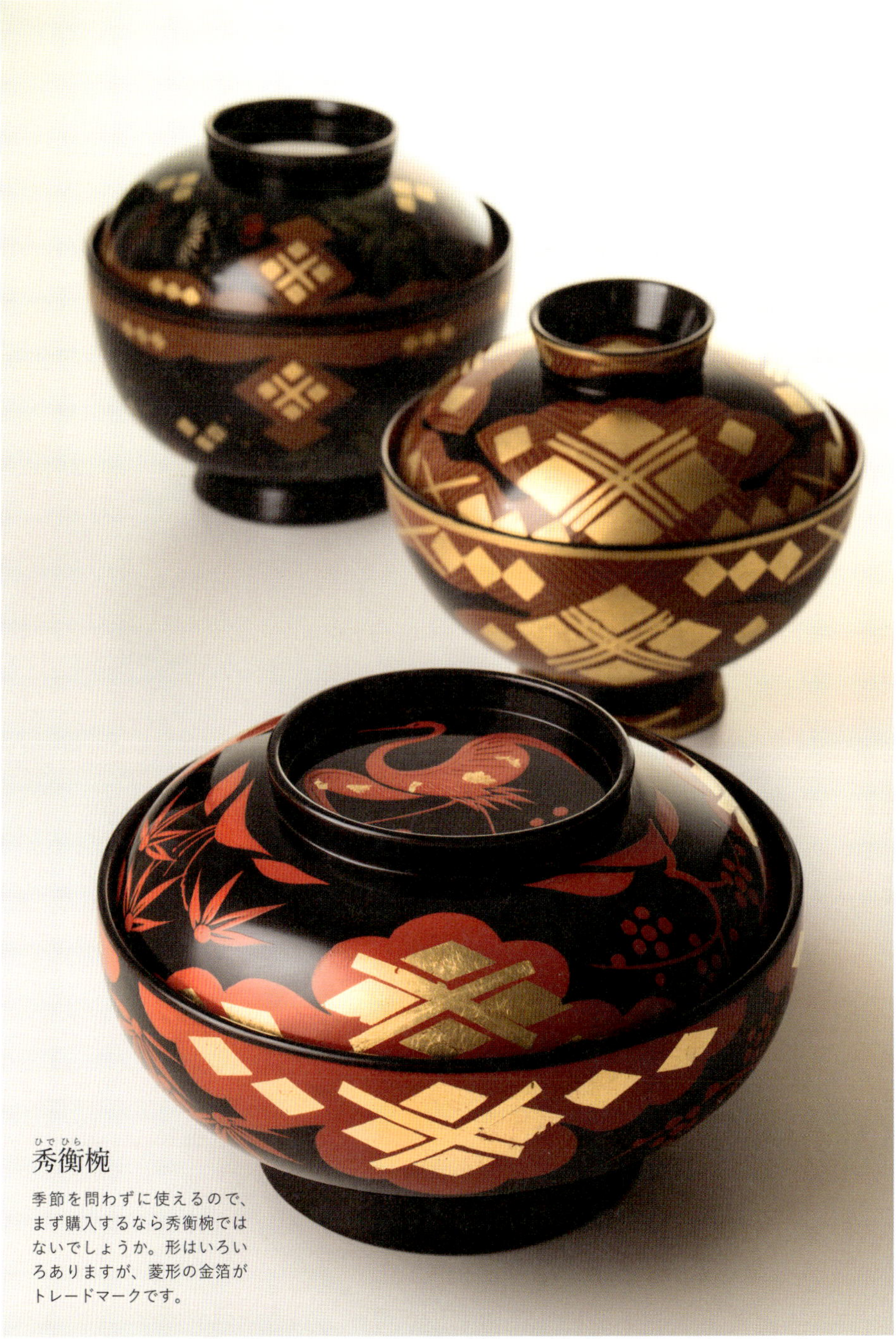

秀衡《ひでひら》椀

季節を問わずに使えるので、まず購入するなら秀衡椀ではないでしょうか。形はいろいろありますが、菱形の金箔がトレードマークです。

三 焼き物

極意 5

あえて「シンプル」を心掛ける

飯・汁・向付、煮物椀の次に出てくるのが焼き物。一汁三菜が原則の懐石の最後の菜です。焼き物は一つの器に人数分が盛り付けられ、取り箸（流派によって異なる）が添えられます。温かい状態で出せるように、器はしっかりと温めておきましょう。また、向付の器に置くことを考慮し、その器に適した大きさに揃え、取りやすく盛り付けることが肝心です。なお、揚げ物は焼き物の扱いになります。

　ここでは定番の「照り焼き」「西京焼き」「塩（麹）焼き」を作ってみましょう。

鰤《ぶり》の照り焼き

ポイント！

- 肉や魚のそれぞれのサイズを揃えるべし。
- 取り分けやすいような盛り付けを心がけよ。
- かいしきや添えは極力つけないことが原則。
- 器は温めておく。

『どうしてかいしきや添えを使ってはいけないんですか?』

佐藤

『原則シンプルに。食べられないものは器に載せないのが基本です』

入江

焼き物

照り焼き講座

照り焼きはたれの糖分によって照りが出ることから、その名がつきました。鰤、めかじき、鯖、鴨など脂がある食材に向きます。

鰤の照り焼き

材料

鰤…5切れ
醤油…大さじ1
＜たれ＞
醤油1：味醂1：酒：1
：砂糖0.5の割合
＜染めおろし＞
大根…50g
醤油…小さじ1/2

作り方

1. たれを作ります。耐熱の器に材料を全部入れて、500Wで10秒かけてはかき混ぜるを2～3回繰り返し、しっかり砂糖を溶かします。
2. 鰤の切り身は50g程度に形を整えます。
3. 鰤をバットに並べ、醤油を回しかけ10分ほどおきます。途中天地を返してください。
4. グリルで焼きます。くっつかないホイルなどを敷いて焼くと失敗しません。
5. 表裏焼いたら、表面のみ刷毛でたれをぬっては乾かすを2～3回繰り返してから、盛り付けます。
6. 大根おろしを作り、ざるで水分を切ってから、醤油を混ぜて染めおろしを作り、1.5㎝程度に丸めて個々に載せます。

切り身の部位は魚屋さんにリクエストを

切り身で売られている魚は、（当たり前ですが）腹側と背側があります。上身の腹側を選びましょう。事前に魚屋さんにリクエストしておくのも手。市販の切り身は1枚80ｇ前後が多いので、50ｇほどに成形することも大切です。

魚を漬けたたれを焼くときには使わない

鰤の照り焼きを美味しくするのはここにかかっています。皆さんは魚を漬け込んだたれを、そのまま焼くときにも使っていませんか。魚の生臭みが移っているたれをぬっても美味しくできません。

たれは万能。冷蔵保存を

照り焼きのたれは保存が利きますので、多めに作っておくと便利です。焼き鳥や鰻の蒲焼きなどにも使える万能だれです。

『焼き網によくくっついちゃうんだよね。せっかくきれいに焼けたのに、ちゃんと取り出せずがっかりすることが多いです』
佐藤
『今は便利なものがあるんですよー。くっつかないホイルぜひ使ってみてください。また、フライパンでも焼けます』
入江

焼き物

西京焼き講座

西京焼きはもっともよく懐石の焼き物に使われる調理法で、鰆、まながつお、銀鱈《ぎんだら》、鮭《さけ》などがおすすめです。味噌が付いたままだと焦げやすいので、焼く前にさっと洗ってください。

鰆《さわら》の西京焼き

材　料

鰆…5切れ
西京味噌…200g
味醂・酒…各大さじ1
ガーゼ…適宜

作り方

1. 味噌床を作ります。バットに西京味噌と味醂・酒を入れてよく混ぜ、半分を取り出し、バットに残した分は平らにならしておきます。

2. 鰆の切り身は各50 g程度になるように形を整え、軽く塩を振って（分量外）10分おきます。

3. 1の上にガーゼを広げ、水分を拭いた鰆を置き、さらにその上にガーゼを被せて、取り出しておいた味噌を広げて一晩おいて、さっと洗ってから焼きます。

ガーゼは必ず新品を

味噌床にはおろしたてのガーゼ、または新品のさらしを使います。水を通して絞ったりすると雑菌がつく可能性があります。味噌床を作るたびにガーゼも新しくしてください。

味噌床は再使用も

料理屋さんなどは粒の西京味噌を用いますが、ご家庭では味噌汁に使用する西京味噌で十分です。また、味噌床は2～3回使用できます。ただし魚の水分で緩くなってきますので、その際は一度味噌に火を入れ、水分を少し蒸発させてから使います。

田楽も焼き物です。

豆腐田楽は花見シーズンによく出される焼き物です。豆腐に田楽串を打って、練り味噌を載せて焼きます。田楽箱があればそれに盛ってみるのがいいですね。今回は、芽柳が描かれた鵬雲斎大宗匠お好みの黒掻合わせの田楽箱に盛りました。

『味噌床に一晩以上漬けてもいいですか？』
佐藤
『OKです。でも三日以上漬けると味が強くなりすぎますよ』
入江

焼き物

塩焼き講座

塩焼きにはさっぱりした鯛や鱸《すずき》などの白身魚、鶏肉が向いています。塩の代わりに塩麹を使えば、食材も短時間で柔らかくなります。

佐藤『塩麹って焦げやすいイメージですが』

入江『火加減をやや弱めにして、厚さを均一にして焼けばそんなに失敗しないかと思いますよ。最近では液体や粉状の塩麹も登場しています』

鶏の塩（麹）焼き

材　料

鶏もも肉…1枚（300g）
液体塩麹…大さじ1
サラダ油…適宜

作り方

1. 鶏もも肉は余分な皮や筋を取り除き、厚みを均一にします。
2. 1に塩麹をまぶし、できれば一晩おきます。
3. フライパンに油を敷き、皮目から焼き、返したら蓋をして6〜7分中火で焼きます。
4. フライパンから取り出し、5分程度おいてから、食べやすい大きさにカットして盛り付けます。

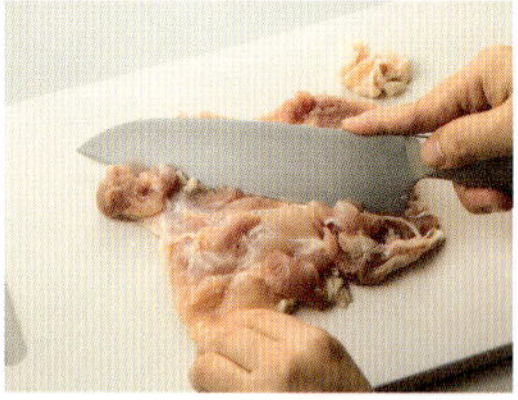

佐藤

『切ってから焼いちゃダメですか？』

入江

『焼くと縮むので、エッジの形がきれいに出ないんです。切って焼くとドリップも出やすですしね』

入江
column

四季折々の日本酒提案

お酒は茶事になくてはならないコミュニケーションツールで、通常三回振舞われます。お道具や懐石と同じように、お酒にも四季を生かしてみませんか。

醸造面から見ますと、一〇月下旬くらいから仕込みが始まり、三月一杯までが造りの時期です。初めに仕込んでいたお酒は、一二月〜一月には新酒として店頭に並びます。夏には酸が高めで低アルコールの、すっきりと飲みやすい夏向きのお酒が出回り、秋には春にできたお酒を半年寝かせてバランスを整えた「秋上がり」「冷やおろし」が登場します。このようにお酒は四季折々のものがありますので茶事のテーマに沿ってお出しになれば、茶事もまたいっそう楽しいものになるかと思います。ここでは四季を生かしたお酒選びをご提案したいと思います。

冬 新酒の時期ですので、微発砲のフレッシュな生酒（一切加熱処理をしていない酒）、なかでも荒走り（酒を上槽するときに、最初にでてくるお酒。加熱処理せずに出荷することが多い）などが面白いかと思います。発泡性の生酒も多いので、一献めにお勧めします。

初釜や一月七日人日の節句には、一献めだけでも御屠蘇《おとそ》を。味醂に屠蘇散を浸して作りますが、甘いものが苦手なお客さまが多ければ味醂の代わりに日本酒を使ってもよいでしょう。

二月は梅の季節でもあるので、梅に関するお酒も話題性がありますね。

酒名を挙げるなら、庭のうぐいす（福岡県）、宮寒梅（宮城県）、越乃寒梅（新潟県）、越後雪紅梅（新潟県）、梅錦（愛媛県）などがあります。

春 新酒のほかに、雛祭り用として桃花酒（桃花を浮かべた酒）、かすみ酒（おりが少し残った酒。ささにごり、おりがらみなどと呼ばれることも）、白酒など。

四月は、花見シーズンですので、桜と名のつくお酒はいかがでしょうか。

出羽桜（山形県）、四季桜（栃木県）、桜吹雪（広島県）、三千櫻（岐阜県）、越州桜日和（新潟県）、桜顔（岩手県）……といろいろあります。

五月は、端午の節句もありま

すので、菖蒲《しょうぶ》の葉を浮かべた菖蒲酒も喜ばれるかと思います。

夏 すっきりとした夏酒が出回ります。冷たくして供してください。

預け徳利では酒器を竹にして竹管《ちくかん》酒もいいですね。竹の香りが酒に移ってまた違った風味が味わえます。盛夏であれば、しゃりしゃりを楽しむみぞれ酒も。

秋 冷やおろしの季節です。まろやかに熟成したお酒をぜひ常温でお出しください。そもそも冷やおろしとは、外気と貯蔵庫の温度が同じくらいになったときに、「冷や」のまま火入れをせずに出荷したお酒のことですので、飲むのは常温がよろしいかと思います。

また九月九日に重陽の節句もあります。菊の花びらを浮かべた菊酒で長寿を祈るのも良いかと思います。（入江）

四

預《あず》け鉢《ばち》（炊き合わせ）

極意6 炊き合わせはひと鍋で仕上げる！

茶懐石の基本は一汁三菜なので、預け鉢は慣れるまでは無理をして作らなくてもよいかと思います。私も最初は全部作ろうとして、全部が中途半端に終わることばかりでした。でもどうしてもお客さまに預け鉢まで召し上がっていただきたいと思うあなたに、一つの鍋でできる炊き合わせを二つご紹介します。前日に作っておけます。

『炊き合わせって全部汁を変えて別々に煮るのかと思っていた！』

佐藤

『それにこしたことはありませんが、鶏丸に調味をしてしまってから煮ればそれぞれ違う味が楽しめるのです。まずは無理をしないことだと思います。せっかくお客さまに美味しいものを召し上がっていただきたいのに出すのが遅くなったり冷めてしまってはなんにもならないので』

入江

ポイント！

- 具は２種、プラス季節の青物でシンプルに。
- 無理して作らずともＯＫ。自分の力量を見極めて。
- 器は温めておく。

佐藤

『預け鉢を作ると決めたら、炊き合わせと和え物のどちらがいいですか？』

入江

『まずは和え物がおすすめですね、簡単だから』

預け鉢

冬編

冬は根菜が美味しい季節です。大根の代わりに海老芋や聖護院蕪《しょうごいんかぶら》にしたり、鶏丸を鴨に変えたり、粟麩になさってもいいかと思います。

大根と鶏丸の炊き合わせ

材　料

大根（直径 10cm）…6cm
春菊…1/2 把
鶏ひき肉…150 g
砂糖・醤油…小さじ 1
塩…少々
おろし大和芋…大さじ 1
溶き卵…大さじ 1
片栗粉…小さじ 1
（昆布出汁大さじ 2 で溶いておく）
黄柚子…少々
<煮汁>
出汁… 2 カップ
淡口醤油・塩…各小さじ 1/2
味醂…大さじ 1

作り方

1. 大根は 2cmの厚さに切ってから皮をむいて半分にして、米の研ぎ汁（分量外）で柔らかくなるまでゆでて、水にとります。
2. 煮汁用の出汁を温め、醤油、塩、味醂で調味し、1 を入れ、5 分炊きます。
3. 春菊は塩ひとつまみ（分量外）を入れた熱湯でさっとゆでて水にとり、軽く水気を切って巻きすに巻いておきます。
4. 鶏ひき肉をすり鉢でよくあたって、粘りが出てきたらおろし大和芋、溶き卵、昆布出汁で溶いた片栗粉を加え、砂糖、醤油、塩で調味し、2 にスプーンを使って落として 5 ～ 6 分煮ます。
5. 最後に巻きすで巻いておいた春菊を加え、火を止め、適当な長さに春菊を切り、大根と鶏肉を盛り付けます。千切りにした黄柚子を散らします。

『菜っ葉を巻きすで巻くの？』
佐藤

『こうして根元と葉のほうを交互に巻きすに置き、巻いて絞ると、均一に絞れるのと、指のあとが付かずに良いんです。プロの技！』

入江

米の研ぎ汁がなかったら

生のお米を大さじ 1 ほどゆで汁に入れれば同じ効果があります。大根の苦みがとれて煮汁も浸みやすくなる、昔からの技法です。

預け鉢

夏編

夏はさっぱりと塩味を中心にしたいもの。見た目も涼しげな定番の冬瓜《とうがん》の海老あんかけをご紹介します。猛暑の日なら、前日に作って冷やして出しても良いかと思います。

材料

冬瓜
(4cm× 5cmの大きさに切ったもの)
…5個
重曹…耳かき1杯
海老（ブラックタイガーなど）
…3尾
オクラ…3本
青柚子…適宜
＜煮汁＞
出汁…1カップ
淡口醤油…小さじ2
塩…少々
味醂…大さじ1・1/2
片栗粉…大さじ1
(同量の水で溶いておく)

作り方

1. 冬瓜は綿の部分を取り、外皮のすぐ下の緑の部分が少し残るように皮をむきます。重曹を皮目だけにこすりつけ、10分程度おき、たっぷりの熱湯で柔らかくなるまでゆでます。ゆでたら、水にとって色止めします。
2. 海老は洗ってぐるむきし、背を開いて背わたをとり、粗くたたいておきます。
3. オクラは塩ずりしてから、熱湯で2分ゆで、冷水にとって色止めし、縦1/2に切ります。
4. 片栗粉以外の煮汁の材料を合わせ、1を加えて5分ほど煮たらそのままおき、味をふくめます。
5. 冬瓜の煮汁を別鍋に移し、海老を入れ、味をみて薄いようなら塩少々を加えてから水溶き片栗粉でとろみをつけオクラを入れます。
6. 器に冬瓜とオクラを盛り、5の海老の餡をかけ、青柚子をおろして、茶筅などで振ります。

冬瓜の海老あんかけ

『振り柚子をすると抜群に茶懐石っぽくなるけど、まず、柚子をどの程度おろせばいいかわからない！』

佐藤

冬瓜には重曹を

下ごしらえで重曹を使用することで、冬瓜の皮も柔らかくなりますし、発色も良くなります。重曹と塩でこする場合もあります。たっぷりのお湯でゆでることも大事。少ない湯だと、重曹で身が溶けてしまうこともあるのでご注意を。

『白い綿の前までです。綿は苦いのです』

入江

四 預け鉢（和え物）

極意 7 旬の果物を使って、効果的な一鉢に

梨と葡萄の白和え

和え物には炊き合わせなどと被らない食材を、となるとなかなか思いつかないもの。

　そんなときに助けてくれるのがフルーツです。ここでは白和えや胡桃和え、胡麻和えなど基本の和え衣や甘酢などで、フルーツを和えた献立を四種ご紹介します。

　なかでも春菊と林檎の胡桃和えは江戸懐石を習いたてのころ教えていただいた料理の一つで、何十回となく作っているお気に入りです。

ポイント！

- 旬の果物を主役に。
- 和えるのは必ず直前に！

『和え物って前日作ってもいいのかな？』

佐藤

『豆腐や胡麻で衣を作る、フルーツをカットするといったパーツは作って大丈夫です。和えるのは召し上がる直前がいいですね。脱水したり色移りしたりするので』

入江

春菊と林檎の胡桃和え

柿の胡麻和え

預け鉢

果物使いの四種

果物には水分が多く含まれているので、膾《なます》以外は、衣と和えるのは必ず出す直前にしてください。

春菊と林檎の胡桃和え

材　料

春菊…1/2 杷
林檎…1/2 個

＜和え衣＞
むき胡桃
（煎ってあるもの）
…25g
砂糖・淡口醤油
…各大さじ 1 弱

作り方

1. 春菊は、塩少々（分量外）を加えてさっとゆで、冷水で色止めし、3cmに切っておきます。
2. 林檎は櫛形に 4 等分し、マッチ棒程度の太さに切って、薄い塩水（分量外）に 5 分程度つけ、ざるに上げておきます。
3. 胡桃をすり鉢で粒が少し残る程度にあたり、砂糖、醤油で調味し、食べる直前に 1 と 2 を和えます。

柿の胡麻和え

材　料

柿…1・1/2 個
＜和え衣＞
白練り胡麻…大さじ 2
味醂…大さじ 2
酒…大さじ 1
淡口醤油…小さじ 1 弱

作り方

1. 柿は 1cmの角切りにして、塩水（分量外）に 5 分つけたらざるに上げておきます。
2. ボウルに和え衣の材料を入れてよく混ぜて、1 を加えて和えます。

※蓮根を薄味で炊いたものやゆでてカットした三つ葉を加えると色味や食感に変化が出て、また楽しくなります。

白和えにプラスワン！

白和えは豆腐だけでも結構ですが、隠し味として練り胡麻やすった胡桃などをほんの少し加えるのもおすすめ。ぐっとコクが増した味わいになります。

梨と葡萄の白和え

佐藤『豆腐が上手に裏ごしできないんですが……』

入江『全部一度にやろうとなさらず、手前から少しずつ裏ごしてください。焦らずにね』

佐藤『どうして、裏ごしをする豆腐をゆでるんでしょうか？』

入江『しっかりと火を入れて、傷まないようにするためです』

材　料

梨…1/2 個
葡萄…6 粒程度

＜和え衣＞
木綿豆腐…1/2 丁
白練り胡麻…大さじ 1
砂糖…小さじ 2
塩…少々

作り方

1. 豆腐は 3 ～ 4 等分にし、熱湯で 2、3 分ゆでてしっかり水切りし、裏ごしをして白練り胡麻、砂糖、塩と合わせておきます。
2. 葡萄は皮をむいて種を取り、横 1/2 に切ります。
3. 梨は、皮をむいて食べやすい大きさに切って塩水（分量外）に 5 分つけたらざるに上げておきます。
4. 食べる直前に 1 に 2 と 3 を加え、さっくりと混ぜ合わせます。

＊種なしで皮ごと食べられる葡萄ですと、切るだけですので便利です。

果物を使って、定番の膾も作れます！

紅白柿膾

材　料

大根…200g
人参…20g
塩…小さじ 1/2 強
黄柚子…少々
干し柿…1/2 個
＜甘酢＞
米酢…1/4 カップ
水…大さじ 1
砂糖…大さじ 2
塩…少々

作り方

1. 甘酢を作ります。小鍋に甘酢の材料を入れてよく混ぜて火にかけ、砂糖が溶けたら火から下ろして冷まします。
2. 大根と人参は、皮をむいて 4cm の長さの千切りにします。
3. 2 に塩を振って 10 分程度おいて、しんなりしたら軽くもんで水気を絞り、千切りした黄柚子と、4cm長さにスライスした干し柿を加え、甘酢で和え、一晩冷蔵庫で休ませます。

五

箸洗い

極意 8

箸洗いはリフレッシュメントと心得よ

箸洗いは小吸い物、少量なので一口吸い物とも呼ばれます。この後の八寸と千鳥の盃の前に口中を清めるためのものです。味付けはなくともよく、季節の実などを浮かべます。

南瓜《かぼちゃ》の種

名残の 10 月に。スーパーマーケットのナッツ売り場で入手可能です。

レモン

国産、無農薬のものを使用します。夏に向きます。

蕎麦《そば》の実

炉の時期に。数分ゆでてからお使いください。

ミント

夏に。フレッシュのハーブは色が変わりやすいので注意してください。

クコの実

炉の時期に。中国料理材料のショップだけでなく、大きなスーパーマーケットでも入手できるようになりました。

食用菊花

他の料理と被らなければ、箸洗いにも。黄菊は「阿房宮」、紫菊は「もって菊」とも呼ばれます。黄菊のほうが香りが強いです。もちろん秋に。

椀というと漆ばかりを使いがちですが、陶磁器のものもおすすめです（手前）。つぼつぼ柄（中央）、千筋（奥）も季節を選ばないお気に入りです。

夏用にはガラスの小吸い物椀も。金彩が入ると、より涼やかさが感じられます。

六 八寸

極意9 市販品のアレンジでセンス良く

八寸は「海の物」「山の物」を各一種ずつ盛るのが基本と言われていますが、これは動物性と植物性のものを一種ずつと解釈していただければよいかと思います。三種盛る場合もあります。

最近ではデパートで美味しそうなおつまみも沢山見かけます。全部ご自分で作ろうと頑張りすぎず、市販品もぜひ候補に入れてみてください。

鮭燻製（市販品）

松葉銀杏

松葉銀杏の作り方

1. 銀杏は殻を割って、薄皮を付けたまま、ほんの少しのサラダ油で低温で揚げます。皮がするっとむけるようになったら取り出し、薄皮を取り、塩を振ります。

2. 竹串で穴を開け、二股になっている松葉に銀杏を2つと1つ通して、最後に2つの方に1つの方を通します。最後に松葉の長さを切ってそろえます。

＊油はほんの少しで大丈夫。揚げる温度が高いと表面が白っぽくなって見た目が悪くなります。

ポイント！

- 基本は「酒の肴」です。
- 小吸い物椀の蓋に取るため、ポーションは小さく。
- 盛り付けは、流派によって違います。お習いになっている先生に確認しましょう。

松葉串でかっこよく

銀杏やむかごなど小粒の食材には、松葉は必需品。銀杏などに刺すときには、長いままの松葉が扱いやすいのですが、盛るときには適度な長さに切ること。バランスが悪く見えるのでそのまま盛らないでくださいね。松葉が身近にない場合、松葉串で代用してもよいかと思います。

八寸

器も肴も和洋自在に使ってみる

同じ八寸の組み合わせでも、器を変えてみると印象が全く変わります。杉八寸だけでなく、このような漆の皿、硝子陶器でもＯＫです。

鮭燻製と松葉銀杏

器＝漆菊皿

佐藤

『八寸って意外とワンパターンに陥りやすいかな』

入江

〝肴〟と思えばどんどん出てくるんじゃないですか。あと、いろいろなアンテナショップを巡ると各地の珍味などがそろっていて、正客のふるさとの味なんかを一つ入れるのもいいかと思います』

トマトの生姜酢漬け
パルミジャーノ・レッジャーノ（市販品）

器＝ギヤマン

夏は硝子の八寸に盛るのも涼しげ。酒の肴と考えれば、たとえばこのように洋風料理をベースにするのも喜ばれそうです。

落としラップはプロの技

少ない漬け地でも全体がむらなく浸かり、空気に触れないので酸化防止にもなる「落としラップ」。食材などの表面にぴったりとラップを張る方法です。これは料理店でもよく見られる裏技。

作り方

トマトは湯むきして、針生姜とともに甘酢（P67参照）に漬け、落としラップをし、数時間ほどおきます。パルミジャーノ・レッジャーノはイタリア産のブロックを購入して、一口大に切ります。

八寸

［デパ地下］八寸で盛り付ける

いわゆる「デパ地下」＝デパートの地下の食品売り場には、日本全国、いえ世界中の珍味が集まっています。これを利用しない手はありません。試食が可能な場合もあります。美味しい酒の肴を手に入れてください。

からすみと漬け物

器＝隅切の絵唐津

『昔、松露とかよく出ましたね』

佐藤

『今ではほとんど手に入りません。気候変化が影響しているようですね』

入江

からすみは皮をむき、そぎ身に切っていきます。切る前に炙っても、より美味しく召し上がれます。
＊からすみと漬物はどちらも市販品。

炙り畳鰯《たたみいわし》と菱の実旨煮

器＝塗り八寸

10月の名残月に使われる器です。菱の実も10月が旬。固い殻をむいて、7～8分ゆで、出汁10：淡口醤油1：味醂1の割合で作った汁で数分煮て、そのまま浸けておきます。

違った器に盛り付けるとまた雰囲気が変わります。

器＝染付皿

炙り畳鰯の作り方

1. 畳鰯は焼く前に必ずカットしておきます。
2. オーブントースターに入れ、中温で数十秒ほど焼きます。

＊畳鰯を焼いてから切るとぼろぼろになってしまいます。また、焼く時間もほんの僅かですので、トースターのそばを絶対に離れないでください。

七

湯桶《ゆとう》　香の物

極意10

煎り米を準備しておけば、失敗知らず

いよいよ湯桶と香の物で懐石の締めくくりになります。お湯と香の物で器を清め、清めた湯は飲むといった一連の動作は、懐石が禅から来たことを改めて思い起こさせます。

香の物には、一種は沢庵など器を清められる程度の大きさのものを入れることを忘れずに。

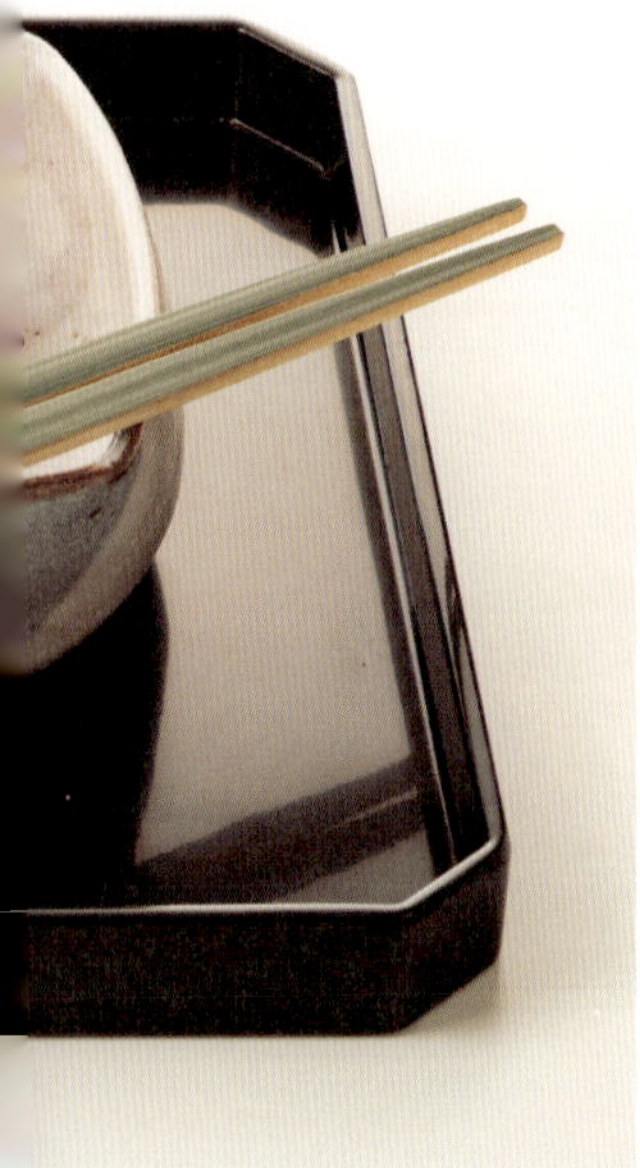

ポイント！

- 湯桶に湯を張りすぎない（湯は注ぎ口の下部分まで）。
- 香の物も出るので、湯桶の味付けは薄い塩味に。
- 香の物には隠し包丁を。

湯桶指南

懐石の締めくくりに欠かせない湯桶。本来はお釜で炊いたときにできるお焦げを使って作りますが、適度なお焦げを懐石中に作ることは難しいものです。ここでは煎り米を別に作っておいて、それをゆでる方法をご紹介します。

作り方

1. 煎り米を作ります。米大さじ2～3を鍋に入れ、弱火にかけます。

2. 数分して、うっすらと色が付いてきたら、いい色になるまで煎り続けます。

3. 煎り米大さじ2に対して湯500～600ccを入れて10分ほどゆで、塩をひとつまみ入れて味がわかるかわからないか程度に調味し、湯桶に入れて香の物とともに出します。

＊色が付いてきてからは濃くなるのが早いので、注意深く目視しながら良い色に仕上げてください。2の煎り米までは前日作っておけます。

煎り米は保存容器に

丁寧に仕上げた煎り米は冷めたら、保存容器に移しておきましょう。そのままにしておくと、においが吸着しやすいので、せっかくの香りが台無しに。

佐藤

『僕は香の物に必ず沢庵を入れるようにしています』

入江

『四季を問わず沢庵は必ず入れるのが原則かとは思いますが、最近はそうでもないことが多いですね。飯椀や汁椀を清められるある程度の大きさがあればよいのでは？』

香の物指南

香の物は三種が基本ですが夏の朝茶の香の物は五種出てくることが多いです。菜が一種少ないのでそれを補う意味もあります。左から時計回りに茗荷の甘酢漬け、南瓜一夜漬け、胡瓜糠漬け、沢庵、白柴漬け。

赤蕪酢漬けとべったらの２種盛り

赤かぶとべったら漬けの２種盛り。このような２種盛りも見かけます。いずれにせよ、取りやすい盛り付けを心掛けます。

……粗茶一服差し上げたく、ご案内申し上げます……

「肝心なのは段取りですね。
レシピ片手に、本番に臨みます！」（佐藤）

実践編！

佐藤宗樹さんが亭主一人でお茶事の懐石料理作りに挑戦！

「佐藤さんの懐石、楽しみです。
タイムテーブルに不都合な部分があったら教えてくださいね」（入江）

炉の正午の茶事

人数：客：三名、水屋：一名（亭主のみ）

懐石の献立

飯、汁　豆腐となめこ
向付　鯛の昆布〆め　食用菊甘酢漬　莫大　本山葵　加減酢
煮物椀　海老真薯　菊花　黄柚子
焼き物　鰤の照り焼き
預け鉢　柿の胡椒和え
箸洗い　クコの実
八寸　海・生ハムのあんぽ柿巻き　山・マッシュルームマリネ
湯桶　香の物（三種）

1ヶ月以上前　テーマを決め、正客と日程を定め、正客・連客とも招待状を送る

前日まで

炭を清め、乾燥させる

茶道具の準備

炉縁、釜、掛け物、花入れ、炭斗、香合、練り香、炭、かん、羽箒、火箸、紙釜敷、組釜敷、水次、茶巾（濃茶用・薄茶用・後炭用）、蓋置、灰器、湿し灰、灰匙、座箒、茶碗（濃茶用、薄茶用）、茶入、仕覆、柄杓、水指、棗、茶（濃茶・薄茶）、茶筅、茶杓、建水を出して清める

寄付・腰掛待合の道具の準備

掛け物、毛氈、汲出し、盆、莨盆、露地草履、水桶、蹲踞柄杓、塵箸、銅鑼、棕櫚箒、関守石を出して清める

懐石道具の準備

四つ椀、折敷、利休箸、向付、煮物椀、飯器、杓文子、焼き物鉢、預け鉢、小吸い物椀、八寸、湯桶、湯の子すくい、香の物鉢、取り箸、給仕盆、脇引き盆、燗鍋、朱杯、盃台、黒文字、主菓子器（縁高）、干菓子器を出して清める

本席のお軸は、禅画研究者の淡川康一先生のもの。「茶名拝受の折に師からいただいたものです。美術研究者の僕にぴったりでしょう、というお言葉も一緒に」。

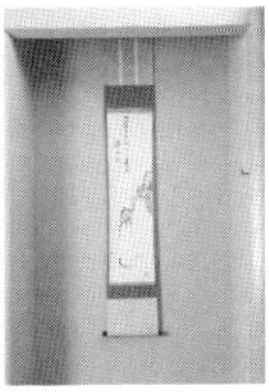

前日に、懐石料理の器をダイニングのテーブルに用意する。並べ方は出す順番に。向付の器は粟田焼の安田浩人作。

前日

茶室関連

茶室、露地清掃

花選び

「狭い庭ですが、白侘助を育てています。できれば花は庭から摘んできたものを入れるのが理想ですね」。にじり口の横に咲く、椿のつぼみの固さを見ながら、当日用の花を決めておく。

干菓子

今回は、お嬢さんのアメリカ土産・ドライオレンジを干菓子にチョイス。「料理や器に洋のテイストを加えるのも、好きです」。

蹲踞を清める

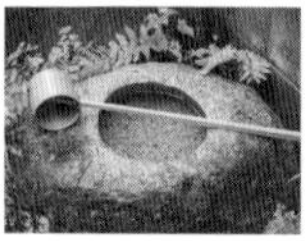

「粗塩と亀の子たわしでしっかりと清めて、水を張っておきます。虫などが入らぬように蹲踞には蓋をして、当日に水を入れ替えます」。

懐石

材料の購入

向付：莫大の戻し
加減酢の作成
食用菊の甘酢漬作成

汁：豆腐のカット、味噌の計量

飯：米の計量

煮物椀：菊花をゆでる、
海老真薯の作成

焼き物：鰤の成形、大根おろし作成、たれの作成

和え物：柿のカット、胡麻衣の作成

八　寸：マッシュルームのマリネ作成

煎り米作成

香の物のカット

当日

9：00～2時間強

茶席

亭主

庭の清掃、再び（10分）
待合に掛け物をかける（5分）
本席の床に掛け物をかける（5分）
茶をはく（10分）①

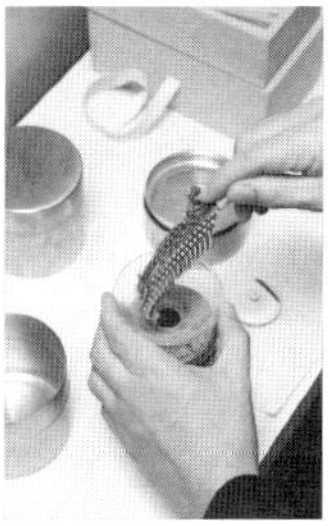

①9時20分過ぎ、心落ち着けて、水屋でお茶をはく。「今日は小山園の『先陣の昔』にしました」。棗は根来塗の菊棗を。

向付：鯛の昆布〆め作成（20分）
汁：なめこの下ゆで、辛子の水溶き（15分）
煮物椀・汁：出汁引き（20分）②
柚子を松葉に切り、ラップをする（5分）
米を研ぎ、ざるに上げておく（5分）③

②気持ちを懐石料理方面に切り替えて、今度はキッチンで出汁を引く。「茶をはく、出汁を引くは、当日朝の2大行事ですね。どちらも香りが大切ですから。慌てずに慌てずに」。
③出汁を引いたら、次は米を研ぐ。9時台前半はキッチンで料理系の下ごしらえに集中。「段取りを箇条書きにして、キッチンに貼っておくのが間違いなさそうです」。

9：00～2時間強

11：20

茶席

亭主

蹲踞に水を張り、蹲踞柄杓を置く（5分）
主菓子の受取（当日が難しいようなら前日）④
初炭の準備（10分）
味噌汁の作成（20分）
鰤の醤油漬け
（10分たったらあげておく）⑤
染めおろしの作成
煮物椀：出汁の計量（10分）

⑤

④「いつもお菓子はご近所の『いづみや』さんにお願いしています。お客さまがわざわざここまで足を運んでくださるからには、地元のお菓子を召し上がっていただきたくて」。

露地、門前の打ち水（5分）
待合に香煎の準備
（ポットと汲出し）（5分）⑥
莨盆にセットし、待合に置く（10分）
露地に出る手がかりを開け、草履をそろえておく（5分）
水桶に水を張る（3分）

⑥「待合で僕がお出しするのは、香煎と決めています。ほのかな香りがほっと緊張をほどいてくれるようで」。京都を訪れるたびに原了郭で購入します。

11:45

茶席

客そろう

屏風などを立て、リビングルームを待合替わりに使用します。お客さまには、佐藤さんご自身が汲出しで簡単にご挨拶。

12:03

迎付けで挨拶

２階のリビングルームから下りて、１階の奥にある茶室に。家の裏手を上手に利用して、蹲踞やにじり口を設けました。本日の正客は入江亮子さん。「どきどきしますね（笑）」

亭主

佐藤邸の工夫

拙宅は西洋式のドアなので、門の手がかりを開けておくことができません。玄関を少し開けておくのも物騒なので、ドアベルが鳴ったら玄関まで出向いてお迎えすることにしています。我が家は〝身を隠す〟ほど広くありませんし、狭い水屋でじっとしているのも居心地が悪いものです。遠くから来たお客さまですから、やはり玄関でお迎えするのも良いことと考えております。正式な口上は茶室で改めて述べさせていただくとして、玄関では笑顔でお出迎え、そしてリビングの待合では香煎も自分で出しつつ、「正式なご挨拶は後ほどに」と一声かけています。ポットにお湯を入れておいて、お客さまがセルフでお湯をいただくというのもいいでしょうけれど、なんだか寂しい感じもいたします。私は、お客さまの支度が整ったところで露地まで一緒に向かい、そこでは無言でご挨拶、蹲踞で清めた後に茶室に入ってから、正式なご挨拶をさせていただいています。

12:05

12:10

茶席

蹲踞

本日の連客はご友人の永山宗勉さん、社中の村木宗雅さん。

席入り　挨拶

亭主

利休箸、取り箸を水につける（3分）

＊利休箸は必ず新品を用意すること。

米の浸水

向付の鯛の昆布〆めと莫大、菊花甘酢漬を器に盛り、一つずつラップをして冷蔵庫に入れる

向付はそれぞれのパーツを盛りやすいように揃えてバットにまとめ、冷蔵庫にキープ。「前日までに冷蔵庫も片付けておかないといけませんね」。盛ったら再び冷蔵庫へ。

戸の閉まる音で蹲踞に水を張る（3分）

四つ椀を温める（3分）

炊飯を始める（〜18分）

	12:15	12:30	12:35	12:38	12:45
茶席	初炭手前	客香合拝見	香合拝見問答		懐石を出す  飯の炊き上がりのタイミングを見計らって、汁の準備も進め、どちらもあつあつのうちにお客さまへ。「いわば最初の関門。何か忘れたものはないかと確認する余裕を持たないと」。
亭主		汁：味噌汁と具を温める（5分） 汁を温めている間に折敷に利休箸、向付を置く。 向付におろした山葵を添える		*三光で一番のポイントは「炊きたての飯」です！ 汁椀に具を置き、汁を張り 辛子を添え、蓋をしめ折敷に置く 飯椀に飯を盛り、蓋をしめ折敷に置く 出す直前に向付に加減酢をかける 	

時刻	茶席	亭主
		杯を清め盃台へ載せ、燗鍋に酒を入れる（3分） ＊燗鍋の錆の溶け出しを防ぐため、酒は必ず出す直前に入れる。 汁をとろ火にかけたままにしておく（汁替えのため） 飯器を温めておく（1分）
12：50	一献目を出す	
		飯器に飯を盛り給仕盆と杓文子を載せる（3分） 煮物椀：真薯を温める、椀を温める（7分） 出汁を温め始める（7分）
13：00	汁替え	給仕盆とぬらした杓文子を載せた飯器を席中へ 順次、二杯目の汁を盛り付け、出していく
		煮物椀：出汁を調味し、ゆでた菊花を加え、煮物椀を盛り付ける（5分）
13：15	煮物椀を出す  煮物椀は海老真薯に菊花を散らして。「失敗するといけないので、真薯は6個作りました。ちょっと多めに用意すると安心ですね」。	

13:20

茶席		二献目を出す 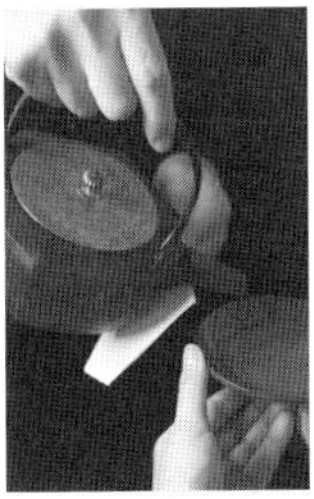 今回は麻原酒造の「琵琶のささ浪」を用意。「今、自分が一番気に入っているお酒です」。燗鍋は享保時代のもの。蓋も美しい。	
亭主	＊ここがポイント！ 辛い難所です。練習して手際よく！ 酒を燗鍋に足す（1分） 焼き物を焼き始める（10分） 焼き物鉢を温める（5分）		＊冷たいものから盛り付ける！ 預け鉢（和え物）を作り、盛り付ける（2分） 焼き物を盛り付ける（3分）

時刻	茶席	亭主
13:30	焼き物、預け鉢（和え物）を出す 	**佐藤邸の工夫** 預け鉢を前日に用意するといっても炊き合わせと和え物の二種を作るのはさすがに大変です。一人でやるのですし、茶懐石は簡素であっていいものなので、簡単な和え物1種だけでも十分ではないでしょうか。それでも大変なときは、万願寺唐辛子に粗塩を振ってオーブントースターで焼き、鰹節と醤油をかけてお出ししています。お客さまにも好評です。 飯器を清め飯を盛る（2分）
13:35	飯器出し、亭主相伴	
		小吸い物椀に具を入れ、汁を温め始める（5分） あんぽ柿を生ハムで巻き、八寸の盛り付け（3分） 香の物の盛り付け（3分）   八寸は洋風のテイストを加え、海は「生ハムとあんぽ柿」、山は「マッシュルームマリネ」。「入江さんに教えてもらう以前は、なんだかもっと難しく考えてました」。杉八寸でシンプルに。
13:50	器を下げる	
		小吸い物椀に汁を注ぐ（2分）
13:52	小吸い物を出し、煮物椀を下げる	
		燗鍋に酒を足す

13:55

茶席

八寸と三献目を出す

亭主も盃を頂く「千鳥の杯」。「自分が招かれたときは、もっと飲みたいって思うんですけど（笑）、ここで酔っぱらってしまってはいけないですね。用心用心」。

亭主

湯桶の煎り米に湯を差し、弱火にかける（10分）

黒文字を水につけておく
脇引き盆に湯桶、香の物、取り箸、湯の子すくいを載せる（1分）

主菓子用の黒文字にはしっかりと水を吸わせるように、やや長めに水に浸けておく。調理はすでに終了。「最後にもう一度気を引き締めないといけませんね」。

14:05

茶席

湯桶と香の物を出し、
小吸い物椀を下げる

亭主

待合に莨盆を置く
菓子を縁高に盛る
茶入れ、棗に茶をはる

佐藤さんとお付き合いの長い「いづみや」さん。今回の主菓子のきんとん〝初霜〟はシックな色合い。「若旦那さんが頑張っているのが頼もしいです」。

	14:12	14:25		14:40
茶席	箸を落とす音で 湯桶と香の物鉢を下げる 折敷を下げ、主菓子を出す ここで席改めのため、客退出	縁高を下げる 席中を清める 軸を巻き上げ、花を入れる 点前座に水指、茶入を荘《かざ》る		銅鑼を鳴らし、 にじり口の手がかりを開ける  銅鑼はベトナムで見つけたお気に入り。楽器店でエレキギターと並べられていたのを発掘し、大切に持ち帰った。
亭主		 後座の床の間には庭の椿を。奈良で入手した須恵器の花入れは、佐藤さんが大切にしている宝物。土の持つパワーが静かに放たれているような、独特の存在感を持つ器だ。	後炭の炭を組む	**佐藤邸の工夫** ベトナムで手ごろな銅鑼を見つけるまでは、鳴り物の用意がありませんでした。主菓子を出して「席を改めさせていただきます」という挨拶のときに「鳴り物がないので、席が整いましたらお迎えに上がります」と伝え、待合まで自ら迎えに上がっていました。

14:40

茶席

後座席入り

佐藤邸の工夫

本来なら、亭主は銅鑼を鳴らした後、再び蹲踞に水を張り、窓の簾を上げるのですが、拙宅では簾を用意する代わりに、間接照明の調整で光の変化を出すように工夫しました。実際、亭主一人の茶事では、外に出て簾を上げることも大変なので、省略させてもらってもいいかもしれません。

亭主

濃茶の茶碗、茶筅、茶巾、茶杓、建水、蓋置、柄杓を準備する

干菓子を盛り付ける

水屋で干菓子を盛り付ける。「茶室を作るとき、水屋の棚については最後まで悩みましたが、結局折り畳みの棚を設置。いろいろ仮置きできて便利です」。

14:45

15:10

茶席

濃茶点前

「心静かに茶を点てることができました。拙宅は下座床ですが、正客が床前に座ると亭主から遠くなってしまうので、釜の近くに座っていただくようにしています」。

茶入、茶杓、仕覆拝見問答

後炭手前

亭主

佐藤邸の工夫

「一人茶事」で一番厄介なのは「莨盆」ではないでしょうか。火入れの炭を熾したり、灰を整えるのに手一杯で、特に薄茶の莨盆の調整には難儀します。茶室で莨を吸う方もいない現状ですし、なんとか莨盆を省略できないかと考えていたところに出会ったのが「火入れの不要な」莨盆です。指物師の岩木秀樹さんの杉莨入れに、宮川鉄司さんによる染付の灰皿が組み込まれたものでとても重宝しています。引き出しにマッチと莨を入れ、あとは出すだけ。私は待合に出したものをそのまま薄茶に持ち出しています。

後炭手前の準備

15：20

茶席

莨盆と座布団を出す
干菓子を出す

ドライオレンジと組み合わせたのは、岐阜「奈良屋本店」の「雪たる満」と「都鳥」。「メレンゲ系の軽い味わいと柑橘の風味が合うのでは」。菓子器は友人の塗り師岩渕佑二さんのもの。

亭主

薄茶の茶碗、茶筅、茶巾、茶杓、建水、蓋置、柄杓を準備する

15：25

茶席

薄茶点前

茶筅が折れていないか確認。茶巾は新しいものを用意する。薄茶の茶碗は外国で求めたものを見立てで使うことも。

亭主

佐藤邸の工夫

一人で茶事を何度かしておりますが、打ち水をするのは時間的にかなり窮屈です。門前といっても拙宅は洋風建築ですし、玄関前には風情も何もありませんので、門前の打ち水は省略し、露地の様子を見て、乾いている時だけに打ち水をしています。

茶席

15:50 拝見問答

16:00 床、点前座拝見

正客から床、点前座の道具拝見をして、にじり口から退席し、露地で亭主の見送りを待つ。

16:10 見送り

亭主

草履をそろえる

佐藤邸の工夫

茶事の不行き届きを侘びつつ、本日の御礼をお客さま一人ずつに述べる、もっとも大事な瞬間です。通常ですと、お客さまから「お見送りはご無用に」とのお言葉をいただきます。とは言いつつも実際は、お客さまは露地にて亭主がにじり口からお見送りに顔を出すのを無言で待つわけですが、拙宅の露地が狭いためでしょうか、本当にお客さまが帰られてしまうことが時折あります。それも亭主としては寂しいものなので、ここでは習いとは違いますが、敢えて「お見送りさせていただきます」とお返事しています。

入江

佐藤さん、お招きいただきありがとうございました。

最初の香煎から温かいおもてなしをどうもありがとうございました。先生には怒られそうですが、ご家庭での茶事ですと、確かに席入りまで隠れているってかえって不自然かも知れませんね。

お軸、花、懐石……佐藤さんらしさが随所に感じられ、なにより濃茶の美味しかったことといったら！　釜の音を聞きながら、すべての雑念が取り払われ、ご連客の皆さん、佐藤さんと共に味わったあのシンクロ感は、たまらないものがありました。これだから茶事は止められませんね。

ご準備大変だったことと思います。どうぞお疲れ出ませんように。

入江亮子

佐藤

入江さんのレシピとタイムテーブルのお蔭で、焦らずに茶事を終えることができました。これまでは、料理の準備であたふたして、濃茶のときにも気持ちのざわつきが収まらず困っていたのですが、今回は気持ちの切り替えができました。前日までの準備でここまで変わるのですね。

ただ、「預け鉢」は前日に準備するとは言っても「炊き合わせ」を用意するのは大変です。今回「和え物」にしたのは正解で、場合によっては預け鉢自体なくてもいいかもしれません。料理の量から言っても一汁三菜で十分ではないでしょうか。預け鉢がなければずいぶんと楽になると思いました。

佐藤宗樹

「一人で茶懐石」を目指すなら

これだけは揃えておきたい料理道具

基本の道具をご紹介します。いずれも日本の台所ではずっと使われてきたものばかりです。

すり鉢 すりこぎ

すり鉢であたると、口当たりがなめらかになります。フードプロセッサーでは難しい、少量の素材をあたるのにも便利。大は小を兼ねます。直径二八センチが使いやすいサイズです。

布巾・手ぬぐい

下ごしらえから後片付けまで、台所のあらゆるシーンで重宝します。手ぬぐいは漆器のお手入れにも欠かせません。どちらも常に新品を用意しておきましょう。まめに洗って、まめに消毒も忘れずに。

竹串

火の通り方をみるときに、食材に軽く刺しても跡が最小限ですむような、細めの竹串がおすすめです。百円ショップでも入手可能です。

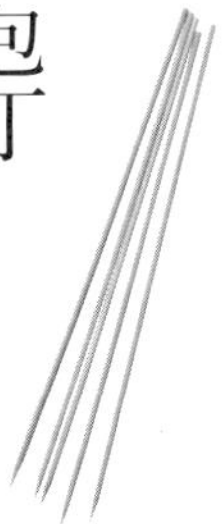

包丁

グローバルの包丁。手にもきちんとなじみます。日本料理だからといって片刃の必要なし。家庭で料理をするならこれだけあれば十分です。

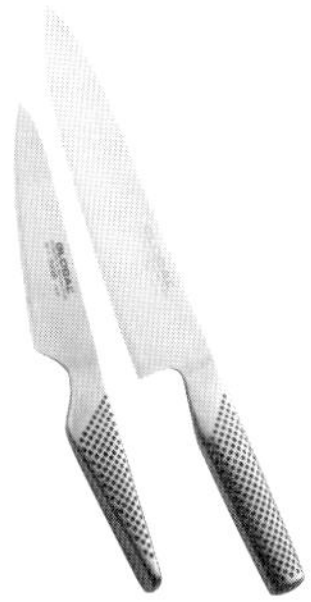

盛り付け箸

菜箸のほかに必要なものです。私のおすすめは和菓子用に作られた「きんとん箸」。菜箸などに比べると先端が細くなっているため、細かい盛り付けもしやすく、きれいな仕上がりになります。

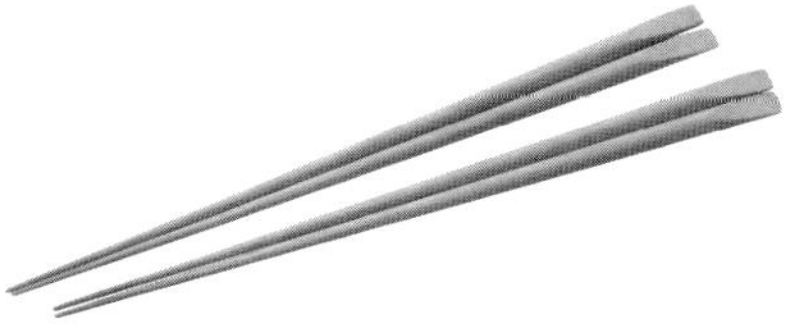

雪《ゆき》平《ひら》鍋《なべ》各種

径五寸から八寸まで大きさ違いで揃え、調理する分量によって使い分けます。それぞれの鍋の容量を覚えておけば、計量カップで計る手間もなし。スタッキング収納ができるのもポイント。厚みのあるものを選んでください。

やっとこ

柄のない雪平鍋には必要な道具です。この一本がすべての鍋の柄になります。慣れないうちは、はさんだ鍋を落としそうでコワい……かもしれませんが、鍋をはさむ位置と握り方のコツを覚えれば大丈夫。

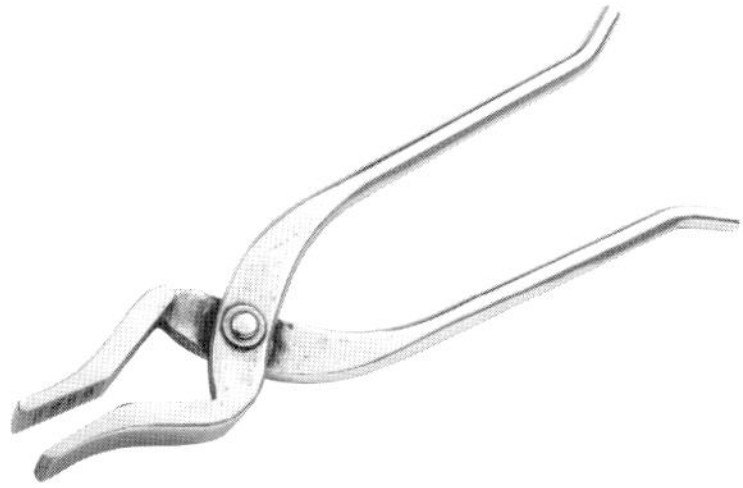

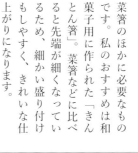

盆ざる

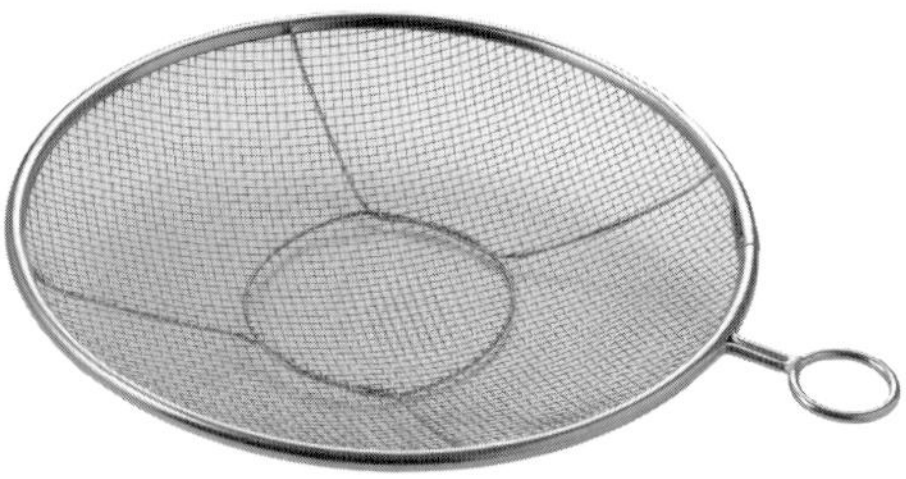

ゆでた食材を上げる、水気を切るといったプロセスには欠かせません。竹製のものより、金属製の盆ざるの方が扱いやすく、衛生的。私が日々使っているのは、直径二八～三〇センチです。

巻きす

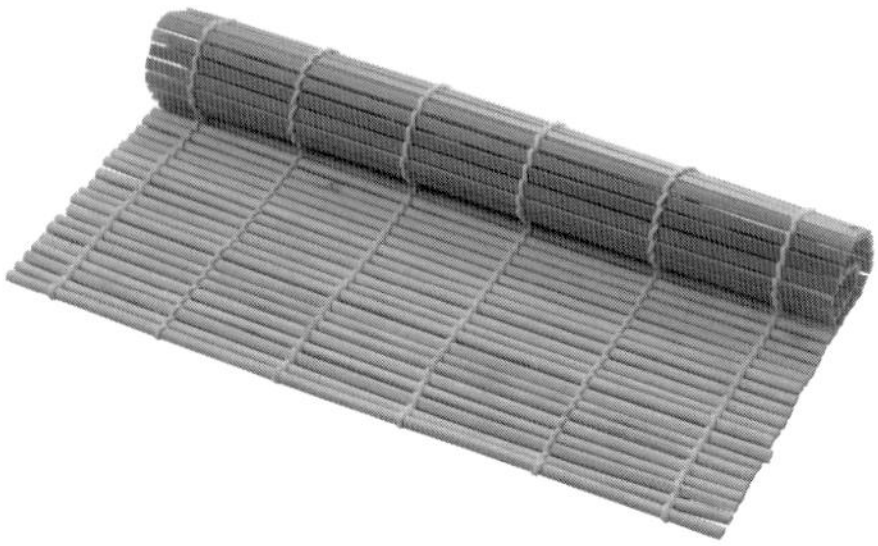

六〇ページでもご紹介したように、ゆでた青菜を絞るために使ったり、形を整えたりなど、意外に用途の幅が広いものです。使い終わったらすぐに洗い、きちんと乾かしておきましょう。

蒸し器

「場所を取る」といわれがちな道具のひとつですが、たっぷりの湯気が循環する蒸し器を使うと、まんべんなく火が通り、蒸し物の味わいが格段に違ってきます。できれば四角いものを。

漉し器

プロの料理屋さんですと馬毛の漉し器を使われていますが、ご家庭ならこの金属製のタイプがおすすめです。何より扱いやすく、手入れも楽。直径は一八センチのものがボウルや鍋の上に置けて便利。

あったら嬉しいお助け便利グッズ

ホイル類は日常の料理にもおすすめのグッズ。そして意外な便利道具を見つけられるのが百円ショップです。

一文字用杓子

先がまっすぐになった杓文字は、飯を一文字によそうときにとても便利。それまでは自分で杓文字の先を削ったお手製を使用していました。地元の百円ショップで発見したすぐれものです。

くっつかないホイル

グリルの網の上に敷いてから、食材を置いて点火。焼き上がりも本当にくっつくことなく、するっと取り出せます。このような小さなストレスフリーの積み重ねが、調理中の心の余裕を生み出します。

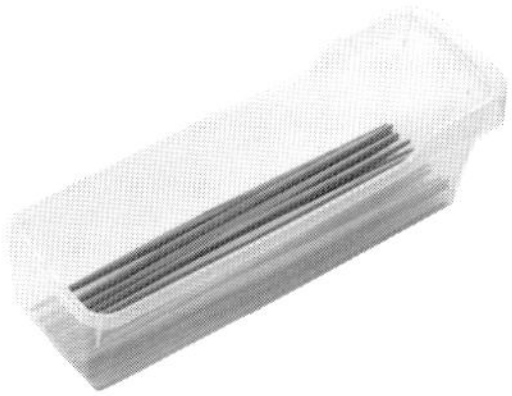

お箸用ケース

いわゆる普通のカトラリーケースですが、百円ショップで見た瞬間に、利休箸をそのまま入れて、濡らすために水を注いでも大丈夫！　と小躍りしました。茶懐石出張には欠かせない道具のひとつです。

クッキングシート

こちらはもうおなじみですね。オーブンにも蒸し器にも使える万能なシート。ラッピング材として、また落とし蓋としても活用できます。百円ショップでも売っています。

本書で使用している 入江 印の「おすすめ調味料と食材」

忘れられがちですが、醤油や味噌で一番大切なのは「鮮度」です。小さいサイズを購入して、なるべく早く使い切るのが理想。

淡口醤油

国産原料一〇〇㌫の「特選丸大豆うすくちしょうゆ」。ひときわ色味が薄いため、素材の色を引き立ててくれる、極めつけの一本。

ヒガシマル醤油
www.higashimaru.co.jp

淡口醤油

機械製麹ではなく、むしろ麹製法にこだわったにがり入り淡口醤油。長期熟成でまろやかな味わい。五〇〇㎖、九〇〇㎖、一・八ℓとあります。

かめびし屋
www.kamebishi.com

味醂

国内産の有機米を原料にした「有機三河味醂」のまろやかなこと。これぞ伝統の味。味醂風調味料はご法度です!

角谷文治郎商店
www.mikawamirin.com

液体塩麹

計りやすい、混ぜやすい、焦げ付きにくいと「液体塩こうじ」は使いやすさ抜群。もっと普及してもいいですね。

ハナマルキ
www.hanamaruki.co.jp

味噌

なめらかで優しい「上撰白味噌」、豆味噌のしっかりした風味の「赤だし味噌」。季節に応じてブレンドします。

石野味噌
www.ishinomiso.co.jp

米酢

京都の老舗の逸品「千鳥酢」はマイルドな味わいと香りが持ち味。

村山造酢
chidorisu.co.jp

すり身

わらづかという魚を主体にしています。一本五〇〇gなので、一〇〇gのブロックに切り分けて冷凍保存を。

丸金佐藤水産
www.marukin-sato.co.jp/

鮪節《まぐろぶし》

鰹節より、香り豊かできれいな出汁がとれます。今はこの鮪節の血合い抜きに落ち着きました。

伏髙
www.fushitaka.com

茶懐石用語と調味料のおはなし

今回の茶懐石料理レッスン中、佐藤さんから「これは具体的にどういう意味ですか?」との質問がたびたび上がりました。茶懐石によく登場する料理用語と調味料について、そっと教えていただきました。

■**上身**（うわみ）

頭を左、背を上にして魚を置いたときに、上側になる身のこと。

■**かいしき**

料理の下に敷く笹や紅葉の葉、または紙のこと。葉などは青掻敷（あおかいしき）、奉書や和紙は紙掻敷（かみかいしき）と呼ばれます。

■**かけ地**

向付などにかける調味料。主に醤油を出汁で割ったもの。茶懐石では向付に醤油用の刺し猪口などを置きません。

■**昆布**

昆布はほとんどが北海道産で、産地によって利尻、日高、羅臼などに分けられ、それぞれ厚さなどにより等級付けされます。固さ、味などの違いもはっきりとあります。懐石に使用する昆布は、軟水の京都では利尻、中硬水の関東では日高、とかつてはいわれていましたが、現在はあまりそのようなこともなくなってきています。

私は羅臼と真昆布をブレンドして使っています。値段は張りますが、少量で出汁が良く出ますので、お得です。

■**醤油**（淡口醤油と濃口醤油）

醤油には白、濃口、淡口、たまり、再込みなどいろいろな種類がありますが、よく使われるのは濃口醤油と淡口醤油。字のごとく濃口醤油は色合いが濃く、大豆由来の馥郁とした風味があり、照り焼きや醤油の風味をしっかりつけたい煮物に使われます。関東以北のご家庭には濃口しかないご家庭も多いでしょう。

淡口醤油は淡い色合いで、香りも軽く、素材の色や味を邪魔しませんので、すまし仕立ての煮物椀や炊き合わせなどに欠かせません。濃口に比べ塩分濃度が高いですが少量で良く効きます。それぞれ持ち味が違うので、どちらも用意しておきましょう。

■**吸い口**

椀盛りなどに入れる和のスパイス。柚子（花柚子、車柚子、青柚子、黄柚子）、木の芽、粉山椒、ミョウガ、大葉、胡麻、葱、生姜、山葵、胡椒など。

■添え

煮物椀のメイン食材を助ける浮き実。あしらいとも呼ばれます。

■ほうれん草（軸れん草／芽れん草）

通年入手しやすい青菜です。特に冬は甘味が増して、美味しくなります。鶯菜《うぐいすな》などが手に入らないとき、軸れん草や芽れん草にして椀に添えましょう。

軸れん草は、茎の部分だけを切り、さっとゆでてすぐ冷水にとり、色留めをします。椀に盛るときは出汁にくぐらせてから、椀の幅に合わせて切って、真薯に載せます。四〇ページの春の真薯でも使っています。残った葉の部分は和え物や炊き合わせなどの青味に。

芽れん草は、一株の中心にある、小さめの三本を選んで、根の部分を包丁できれいに成形して、軸れん草同様、ゆでて使用します。汁のあしらいなどにどうぞ。

■前盛り

主になる料理の手前に盛る副材料。

■味噌（白味噌と赤味噌）

懐石の汁によく使われる白味噌、赤味噌ですが、白味噌は麹歩合が多く、塩分量も五％前後なので甘い味わいで熟成期間も短期です。ですので白味噌は、あっという間に色が変色してしまうので、購入したら冷蔵保存の上、なるべく早く使いきってください。一方で赤味噌（本書では赤だし味噌）は、塩分量も多く、熟成期間も長いので、塩味、酸味も強いのが特徴。うっかり白味噌と同じ量を使うとしょっぱくなってしまうので、使用量には注意してください。

■柚子

春先から初夏までは青柚子、秋から冬は黄柚子。煮物椀の吸い口などにたびたび登場します。

へぎ柚子は、丸みを持たせながら、薄くそぐように切ります。皮の裏側についている白い綿は苦みのもとになるので、付けないように切りましょう。

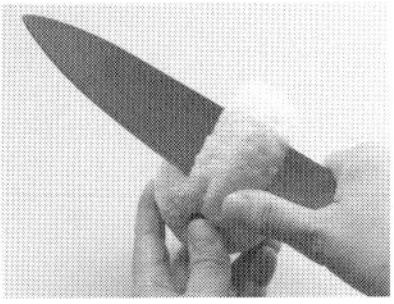

青柚子は未熟な実ですから固く、へぐときは怪我をしないように気をつけて包丁を入れます。

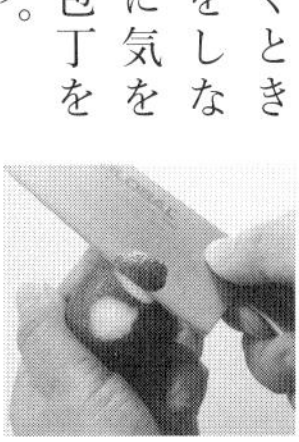

振り柚子は、柚子の皮をおろし金でおろしたら、一か所に集めることなく、ぱらぱらと料理に振ります。集めると、だまや固まりになってしまうのでお気をつけて。これもへぎ柚子同様、白い綿の部分まで下ろさないようにしましょう。

松葉柚子は、尻から天に向かって厚くむき、白い綿の部分をそぐように取ってから、椀の大きさに合わせて五〜六ミリ幅に切り、先を五ミリ程度残して二等分にします。

あとがき

佐藤宗樹

茶人なら誰でも茶事をしたいと思うでしょう。しかし、最近では稽古茶事をしてくれる先生も少なくなりました。それどころか、茶事をしたことがないという先生も多いようです。幸い、師に恵まれた私は、習い始めの頃から沢山の茶事を経験させてもらいました。とはいえ、辻留で懐石を習った師の茶事は本格的で、果たして自分で出来るかと考えると、お点前以前に懐石で頭を抱えました。そんな私に、「身の丈で」一人でできる茶事をすればよいのだと、師が私の背中を押してくれました。この温かいお導きがなければ、自宅に茶室を作って茶事を一人でするなどとは夢にも思わなかったはずです。

一人で茶事をする理想の男性茶人は、表千家の堀内宗心宗匠です。八〇歳を過ぎても軽やかな茶事を実践されていた宗心宗匠に少しでも近づくべく、自分なりの一人茶事を続けて行くこと……。この思いに共感してくれた料理研究家の入江亮子さんのおかげで、自分が欲しかった「本当に」役立つ本の構想が生まれました。そして、一人茶事の悩みに共感してくれた中野俊一さんとの出会いも大きなご縁です。中野さんが手がけた『宗心茶話　茶を生きる』（二〇〇六年）は、偶然にも私の愛読書でしたから、思いがすぐに通じ、あっという間にこの本が完成しました。

一人茶事というのは、とかくばたばたしがちです。懐石の用意に手一杯で、いざ濃茶を点てる段になると疲弊困憊、まさに本末転倒です。そんな困った経験に基づいて、「実践編」では私が工夫したり省略したりしている箇所をお知らせしました。ただし、何でも省略していい訳ではないことは皆さんご承知の通りです。私もまだまだ修業中の身ゆえ、つい無精をしがちですが、誰も見ていない時にこそ茶人の品格が表れることをしっかりと心に留め、慎みながらお茶を実践していきたいと思います。お茶を趣味以上、しかし生業とはしない一茶人の悩みから始まったこの本ですが、無理だと諦めていた茶事に挑戦する仲間が一人でも増えることを心より願っています。

入江亮子

小さい頃から日本の様式美が大好きでした。お給料を全部懐石と器の購入にかけて三〇年が経ちます。

お茶はいつまでたってもお点前が覚えられず師匠に迷惑をかけてばかりですが、こと料理に関しては、一度習った料理は何十年たっても忘れず、店で食べたものはほぼ復元ができることにあるとき気が付き、また何より料理というのは食べたらなくなってしまう無常の魅力にとりつかれ、介護から解放されたのをきっかけに本格的に料理の仕事をするようになりました。

利休が息子の道安の茶事に招かれたとき、冬に大変貴重な鱸《すずき》が出てきて、それをひどく叱咤したエピソードを何かで読みまして、懐石は珍しいものを出すことではなく、心を尽くすことだという教えに改めて心を揺さぶられました。また佐藤さんも書かれていましたが、私も堀内宗匠に魅せられた一人で、あんなお茶事を生きている間に一度でもできたら……と思い、自分なりの懐石を今日も明日も悩みつつ、もがきつつ、求めています。

そんな懐石ヲタな私を編集者の中野さんや露木さんに引き合わせてくれたのが今回一緒にこの本を作った佐藤さんです。佐藤さんは普段は西洋美術史の先生ですが、お宅には導線もよく考え抜かれたとてもすてきなお茶室があって、時折茶事をされています。ちょうど頼まれていた料理屋さんにお願いできなくなって困っていたところに、この本の企画が興りました。

私はかねてから懐石はご亭主が下手でもいいから心を込めて作ってほしいとの思いから温石会という料理教室をやっています。お茶は割稽古を経て平点前、四ヶ伝と続くのに、懐石は難しい本ばかり。ですので本書では鯛《たい》の昆布〆めも魚を下ろすところはありませんし、煮物椀も真薯《しんじょ》だけです。調味料も買いやすいものを選びました。盛り付けにも真行草がありますが、その辺も省いてあります。まずはここからというところをフィーチャーしたつもりです。

まだまだ未熟ではございますが、皆様の茶事の一助になれば幸いです。

温石会《おんじゃく》

旬を生かした一汁三菜を作る「温石会ワークショップ」（毎月一回）、「旬を楽しむ精進料理」（第二水曜・一〇時〜／一四時〜）、「茶懐石実践講座」（年四回）などを開催。

http://onjakukai.com/

撮影 —— 大見謝星斗（株式会社世界文化ホールディングス）
撮影協力 —— 永山宗勉
村木宗雅
調理協力 —— 蓬原泉
田村静江
装丁・レイアウト —— 米川リョク
編集 —— 露木朋子
中野俊一（株式会社世界文化クリエイティブ）
校正 —— 天川佳代子

お茶を楽しむ
茶事の懐石料理がホントに一人で作れる本

発行日　二〇一八年三月一日　初版第一刷発行
二〇二五年四月一五日　第五刷発行

著　者　入江亮子
佐藤宗樹

発行者　千葉由希子

発　行　株式会社世界文化社
〒一〇二-八一八七
東京都千代田区九段北四-二-二九
電話　〇三-三二六二-五一一七（編集部）
〇三-三二六二-五一一五（販売部）

印刷・製本　株式会社リーブルテック

ISBN978-4-418-18301-2